Oracle SQL 시험 가이드

오라클 자격증 OCP, OCA
1Z0-051, 1Z0-061 대비용

황 순 신 지음

비팬북스

Oracle SQL 시험 가이드

저 자 l 황순신
펴낸이 l 최용호

펴낸곳 l (주)러닝스페이스
디자인 l 최인섭, 박지숙
주 소 l 서울 서대문구 연희동 340-18, B1-13호
전 화 l 02-857-4877
팩 스 l 02-6442-4871

초판발행 l 2014년 9월 25일
등록번호 l 제 12609 호
등록일자 l 2008년 11월 14일
홈페이지 l www.bpanbooks.com
전자우편 l book@bpanbooks.com

신저작권법에 의해 한국 내에서 보호를 받는 저작물이므로 무단 전재와 복제를 금합니다.

값 20,000원
ISBN 978-89-94797-13-7 (93000)
비팬북스는 (주)러닝스페이스의 출판부문 사업부입니다.

이 도서의 국립중앙도서관 출판예정도서목록(CIP)은 서지정보유통지원시스템 홈페이지(http://seoji.nl.go.kr)와 국가자료공동목록시스템(http://www.nl.go.kr/kolisnet)에서 이용하실 수 있습니다.(CIP제어번호: CIP2014027019)

Oracle SQL 시험 가이드

오라클 자격증 OCP, OCA
1Z0-051, 1Z0-061 대비용

황순신 지음

목차

권두언

머리말 10
이 책의 특징 11

0장 시험 소개

오라클 자격증 소개 13
데이터베이스 자격증 시험 13
추천 자격증 시험 16
1Z0-051 시험 정보 19
1Z0-061 시험 정보 20
1Z0-051, 1Z0-061 시험 응시 방법 20

1장 SQL SELECT 문을 사용하여 데이터 검색

1.1 SQL SELECT 문의 기능 23
1.2 모든 컬럼 선택 23
1.3 특정 컬럼 선택 24
1.4 산술 연산자 우선 순위 25
1.5 컬럼 별칭(alias) 25
1.6 연결 연산자(||)와 리터럴 문자 26
1.7 대체 인용(q) 연산자 27
1.8 DISTINCT 키워드 28
1.9 SQL 문과 SQL*Plus 명령어 비교 29
1.10 DESCRIBE 명령어 29

2장 데이터 제한 및 정렬

2.1 선택되는 행 제한 33
2.2 BETWEEN 연산자 34
2.3 IN 연산자 35
2.4 LIKE 연산자 36
2.5 ESCAPE 식별자 37
2.6 NULL 조건 38
2.7 논리 조건 40
2.8 연산자 우선 순위 규칙 41
2.9 정렬(Sort) 42
2.10 여러 컬럼 정렬 46
2.11 치환 변수 47
2.12 DEFINE 명령어 48

3장 단일 행 함수

3.1 SQL 함수 53
3.2 단일 행 함수 53
3.3 그룹 함수 54
3.4 문자 함수 54
3.5 숫자 함수 62
3.6 날짜 연산 63
3.7 날짜 함수 65

4장 변환 함수 및 조건부 표현식

4.1 암시적 데이터 유형 변환 69
4.2 명시적 데이터 유형 변환 71
4.3 날짜 형식 모델 71
4.4 숫자 형식 모델 71
4.5 NULL 관련 함수 80
4.6 NVL2 함수의 데이터 유형 변환 82
4.7 조건부 표현식 87
4.8 단순 CASE 표현식 88
4.9 검색 CASE 표현식 88
4.10 CASE 표현식의 특징 89
4.11 DECODE 함수 91

5장 그룹 함수

5.1 그룹 함수 97
5.2 GROUP BY 절 98
5.3 HAVING 절 100
5.4 그룹 함수의 특징 103

6장 조인

6.1 조인 구분 109
6.2 Natural Join 109
6.3 USING 절 110
6.4 USING 절의 테이블 접두어 또는 테이블 별칭 사용 제한 111
6.5 ON 절 114
6.6 Self Join 116
6.7 비등가조인(Non-equijoin) 117
6.8 Outer Join 118
6.9 CROSS Join 125
6.10 오라클 조인: 등가 조인 126
6.11 오라클 조인: Self Join 126
6.12 오라클 조인: 비등가 조인 127
6.13 오라클 조인: OUTER 조인 128

7장 서브쿼리

7.1 서브쿼리	131
7.2 서브쿼리로 문제 해결	131
7.3 서브쿼리 유형	136
7.4 단일 행(Single row) 서브쿼리	136
7.5 다중 행(Multiple row) 서브쿼리	138
7.6 다중 컬럼(Multiple column) 서브쿼리	141
7.7 서브쿼리의 널 값	144
7.8 인라인 뷰(Inline view)	146
7.9 Top-N 분석	146

8장 집합 연산자

8.1 집합 연산자 유형	155
8.2 집합 연산자 사용	160

9장 DML

9.1 DML(데이터 조작어)	169
9.2 INSERT 문	169
9.3 치환 변수(&) 사용	170
9.4 서브쿼리 INSERT 문	170
9.5 날짜 및 시간 값 입력	172
9.6 UPDATE 문	173
9.7 DELETE 문	175
9.8 MERGE 문	178
9.9 TRUNCATE 문	179
9.10 트랜잭션 제어	180
9.11 SELECT FOR UPDATE 절	183

10장 테이블 생성 및 관리

10.1 테이블 생성	187
10.2 테이블 및 컬럼 이름	187
10.3 데이터 유형	189
10.4 LONG 유형의 제한 사항	189

10.5 CTAS(서브쿼리로 테이블 생성) 191
10.6 제약조건 193
10.7 NOT NULL 194
10.8 UNIQUE 194
10.9 PRIMARY KEY 194
10.10 FOREIGN KEY 195
10.11 CHECK 196
10.12 제약조건 추가 202
10.13 제약조건 삭제 203
10.14 제약조건 활성화(ENABLE), 비활성화(DISABLE) 203
10.15 테이블 변경: 컬럼 추가 204
10.16 테이블 변경: 컬럼 변경 204
10.17 테이블 변경: 컬럼 삭제 204
10.18 테이블 삭제 207

11장 스키마 객체

11.1 뷰 211
11.2 뷰 생성 211
11.3 뷰 SELECT 212
11.4 뷰를 통한 DML 213
11.5 뷰를 통한 DML 제한 215
11.6 뷰 삭제 218
11.7 시퀀스 219
11.8 시퀀스 생성 219
11.9 시퀀스 사용 220
11.10 시퀀스 변경 222
11.11 시퀀스 삭제 224
11.12 인덱스 224
11.13 인덱스 생성 224
11.14 인덱스 삭제 226
11.15 동의어 226
11.16 동의어 생성 227
11.17 Database Link와 PUBLIC SYNONYM 228
11.18 동의어 삭제 229
11.19 테이블, 뷰, 동의어 이름 229

12장 기타

12.1 사용자 생성 233
12.2 시스템 권한(System Privilege) 233
12.3 객체 권한(Object Privilege) 233
12.4 권한 수여(GRANT) 및 철회(REVOKE) 234
12.5 롤(ROLE) 관리 237
12.6 데이터 딕셔너리 뷰(Data Dictionary View) 238
12.7 LISTAGG 함수 240
12.8 REGEXP_COUNT 함수 241
12.9 관계(Relationship) 242
12.10 정규화(Normalization) 242
12.11 행 제한 절 - 12c 새로운 기능 243

찾아보기　　　　　　　　　　　　　　248

권두언

머리말

정보통신 기술의 비약적인 발전과 더불어 끊임없이 발생하는 데이터는 IT의 중심이 되었다. 데이터가 축적되면서, 그 활용에 대해 조용한 혁명은 이미 예고되었다.

정보화 사회에서는 데이터를 어떻게 활용하느냐에 따라 그 승패가 결정된다. 이제는 빅데이터가 그것을 증명해주고 있다. 데이터는 창고에 쌓아 두는 것이 아니라 전략 무기처럼 활용하는 것이다. 분석할 데이터, 분석된 데이터 등 귀중한 데이터는 결국 데이터베이스에 저장될 수 밖에 없다. 고급 와인처럼 DBMS에 저장되어 알맞은 환경에서 숙성되는 것이 데이터인 것이다.

세계 최초의 상용 DBMS를 만든 Oracle은 이제 관계형 데이터베이스 시장에서 독보적인 입지를 굳혔다. 가장 안정적이면서, 가장 기능이 풍부하고, 가장 많은 고객이 사용하는 데이터베이스에 대한 기술을 보유하는 것만으로도 이미 경쟁력 우위에 있다고 볼 수 있다. 오라클 데이터베이스 자격증은 세계에서 데이터베이스를 대표하는 자격증의 아이콘이 되었고, 빅데이터 시대에 Oracle 데이터베이스 자격증은 선택이 아닌 필수가 되었다. 실력과 자격을 겸비하여 성공하는 데이터베이스 전문가가 되기를 기대한다.

이 책의 특징

가장 함축적이고 효율적인 Oracle 시험 가이드!

- 시험에 꼭 필요하고 핵심적인 내용만 수록
- 시험과 가장 유사하고 풍부한 예제로 설명
- 휴대가 쉽고 참고하기 편리한 크기
- 단시간 내에 시험을 준비할 수 있는 최소 분량
- 실습 없이 실행 내용을 예측할 수 있도록 결과 표시

【 학습 내용 】

- 오라클 자격증 소개
- 데이터베이스 자격증 시험
- 추천 자격증 시험
- 1Z0-051 시험 정보
- 1Z0-061 시험 정보
- 시험 응시 방법

0 시험 소개

오라클 자격증 소개

오라클은 1977년에 설립되어 DBMS, 미들웨어, 비즈니스 인텔리전스, 애플리케이션 뿐만 아니라, H/W에 이르기까지 기업의 비즈니스에 필요한 모든 제품을 포괄적으로 제공한다.

오라클 데이터베이스는 안정성과 차별화된 기능으로 세계에서 가장 많이 사용되고 있으며, 많은 전문가 그룹의 커뮤니티가 잘 형성되어 있다.

오라클 데이터베이스 기술은 접근이 용이하고, 연구 및 토론이 활발하여, 기술에 대한 성숙도가 타 데이터베이스에 비해 매우 높다. 이러한 상황에 따라 전문 인력에 대한 기업의 요구 사항이 많아지면서, DBA 뿐만 아니라 개발자, 컨설턴트, 아키텍트, 엔지니어 등의 기술 향상과 기술 검증을 위해 교육과 더불어 자격증 시험이 중요하게 되었다.

데이터베이스 자격증 시험

2014년 현재 오라클은 애플리케이션(77), 데이터베이스(41), 산업 분야(27), Java 및 미들웨어(57), Enterprise Management(3), 운영 체제(15), 시스템(14), 가상화(3), 파운데이션(2) 등, 총 9개 분야 239개의 시험을 실시하고 있다.

데이터베이스 분야 41개 시험은 아래와 같다. 자세한 내용은 오라클 사이트 (https://education.oracle.com)를 참조한다.

- Oracle Database 12c
  - Upgrade to Oracle Database 12c(1Z0-060)
  - Oracle Database 12c: SQL Fundamentals(1Z0-061)
  - Oracle Database 12c: Installation and Administration(1Z0-062)
  - Oracle Database 12c: Advanced Administration(1Z0-063)
  - Upgrade Oracle9i/10g/11g OCA to Oracle Database 12c OCP(1Z0-067)
  - Oracle Database Performance and Tuning Essentials 2015(1Z0-417)
  - Oracle Real Application Clusters 12c Essentials(1Z0-432)
  - Oracle Database 12c Essentials(1Z0-497)

- Oracle Database 11g
  - Oracle Database 11g Certified Master Exam(11GOCM)
  - Oracle Database 11g Certified Master Upgrade Exam(11GOCMU)
  - Oracle Database 11g: Administration II(1Z0-053)
  - Upgrade Oracle9i/10g OCA to Oracle Database 11g OCP(1Z0-034)
  - Oracle Database 11g: New Features for Administrators(1Z0-050)
  - Oracle Database 11g: SQL Fundamentals I(1Z0-051)
  - Oracle Database 11g: Administration I(1Z0-052)
  - Oracle Database 11g: Performance Tuning(1Z0-054)
  - Oracle Database 11g: New Features for 9i OCPs(1Z0-055)
  - Oracle Real Application Clusters (RAC) 11g Release 2 and Grid Infrastructure Administration(1Z0-058)
  - Oracle Database 11g Release 2: SQL Tuning(1Z0-117)
  - Oracle Database 11g: Program with PL/SQL(1Z0-144)
  - Oracle Database 11g: Advanced PL/SQL(1Z0-146)
  - Oracle Database 11g Essentials(1Z0-514)
  - Oracle Database 11g Data Warehousing Essentials(1Z0-515)
  - Oracle Database 11g Security Essentials(1Z0-528)

- Oracle Real Application Clusters (RAC) 11g Essentials(1Z0-593)
- Oracle Database 10g
  - Oracle Database 10g Administrator Certified Master Exam(10GOCM)
  - Oracle Database 10g: New Features for Administrators(1Z0-040)
  - Oracle Database 10g: Administration I(1Z0-042)
  - Oracle Database 10g: Administration II(1Z0-043)
  - Oracle Database 10g DBA New Features for Oracle8i OCPs(1Z0-045)
  - Oracle Database 10g: Managing Oracle on Linux (MOOL) for DBAs(1Z0- 046)
  - Oracle Database 10g R2: Real Application Clusters (RAC) for Administrators (1Z0-048)
- Oracle Spatial 11g
  - Oracle Spatial 11g Essentials(1Z0-595)
- Oracle9i Database
  - Oracle9i New Features for Administrators(1Z0-030)
  - Oracle9i DBA New Features for Oracle7.3 and Oracle8 OCPs(1Z0-035)
- Database Cloud
  - Oracle Database Cloud Administration(1Z0-028)
- SQL 및 PL/SQL
  - Oracle Database SQL Expert(1Z0-047)
  - Program with PL/SQL(1Z0-147)
- Oracle APEX(Oracle Application Express)
  - Oracle Application Express (APEX) 4: Developing Web Applications(1Z0- 450)
- MySQL Database Administration
  - MySQL 5.6 Database Administrator(1Z0-883)
- MySQL Developer
  - MySQL 5.6 Developer(1Z0-882)

추천 자격증 시험

가장 많이 알려진 오라클 자격증은 OCP-DBA이다. 그러나 위에 소개한 바와 같이 오라클에는 매우 많은 자격증 시험이 있다. 그중에서 개발자와 DBA에게 적합한 자격증 시험을 소개하면 다음과 같다.

개발자에게는 SQL과 PL/SQL 프로그래밍 업무와 관련 있는 PL/SQL 자격증이 매우 유용하다. 또한 Oracle DB 지식을 필요로 하는 개발자, 컨설턴트, 아키텍트 등은 OCA-DBA 자격증이 필요하다. PL/SQL과 OCA-DBA 자격증은 공인 과정을 수강하지 않아도 시험만 합격하면 OCP, OCA 자격증을 받을 수 있다.

개발자에게 권장되는 시험 접근 순서

1. OCA-PL/SQL Developer : Oracle PL/SQL Developer Certified Associate(필수 권장)
2. OCP-PL/SQL Developer : Oracle Advanced PL/SQL Developer Certified Professional(선택 권장)
3. OCA-DBA : Oracle Database Administrator Certified Associate(필수 권장)
4. OCP-DBA : Oracle Database Administrator Certified Professional(선택 권장)
5. Oracle Certified Expert : SQL Tuning(필수 권장)

개발자에게 권장되는 시험 과목

1. Oracle PL/SQL Developer Certified Associate

    1) SQL : 다음 3가지 시험 중 버전 관계 없이 1개 선택

    (1) Oracle Database 12c: SQL Fundamentals(1Z0-061)

    (2) Oracle Database 11g: SQL Fundamentals I(1Z0-051)

    (3) Oracle Database SQL Expert(1Z0-047)
    +
    2) Program With PL/SQL : 다음 2가지 시험 중 버전 관계 없이 1개 선택

    (1) Oracle Database 11g: Program with PL/SQL(1Z0-144)

    (2) Program with PL/SQL(1Z0-147)

2. Oracle Advanced PL/SQL Developer Certified Professional

   - Oracle Database 11g: Advanced PL/SQL(1Z0-146)

3. Oracle Database Administrator Certified Associate

   1) SQL : 상기 SQL 시험(기존 합격자는 면제)
   　　　　　　＋
   2) Administration I : 11g 또는 12c 버전 선택

      (1) Oracle Database 11g: Administration I(1Z0-052)

      (2) Oracle Database 12c: Installation and Administration(1Z0-062)

4. Oracle Database Administrator Certified Professional

   1) 인증된 1과목 과정 이수(오라클 사이트 참조)
   　　　　　　＋
   2) Administration II : 11g 또는 12c 버전 선택

      (1) Oracle Database 11g: Administration II(1Z0-053)

      (2) Oracle Database 12c: Advanced Administration(1Z0-063)

5. Oracle Certified Expert, Oracle Database 11g Release 2 SQL Tuning

   - Oracle Database 11g Release 2: SQL Tuning(1Z0-117)

DBA에게는 OCA-DBA, OCP-DBA, OCA-PL/SQL Developer 자격증은 물론이고, Performance Tuning과 SQL Tuning, OCM-DBA 자격증도 강력하게 권장한다.

DBA에게 권장되는 시험 접근 순서

1. OCA-DBA : Oracle Database Administrator Certified Associate(필수 권장)

2. OCP-DBA : Oracle Database Administrator Certified Professional(필수 권장)

3. OCA-PL/SQL Developer : Oracle PL/SQL Developer Certified Associate(필수 권장)

4. OCP-PL/SQL Developer : Oracle Advanced PL/SQL Developer Certified Professional(선택 권장)

5. Oracle Certified Expert : Performance Tuning(필수 권장)

6. Oracle Certified Expert : SQL Tuning(필수 권장)

7. OCM-DBA : Oracle Database Administrator Certified Master(필수 권장)

DBA에게 권장되는 시험 과목

1. Oracle Database Administrator Certified Associate

    1) SQL : 다음 3가지 시험 중 버전 관계 없이 1개 선택

        (1) Oracle Database 12c: SQL Fundamentals(1Z0-061)

        (2) Oracle Database 11g: SQL Fundamentals I(1Z0-051)

        (3) Oracle Database SQL Expert(1Z0-047)
        　　　　　　　+
    2) Administration I : 11g 또는 12c 버전 선택

        (1) Oracle Database 11g: Administration I(1Z0-052)

        (2) Oracle Database 12c: Installation and Administration(1Z0-062)

2. Oracle Database Administrator Certified Professional

    1) 인증된 1과목 과정 이수(오라클 사이트 참조)
    　　　　　　　+
    2) Administration II : 11g 또는 12c 버전 선택

        (1) Oracle Database 11g: Administration II(1Z0-053)

        (2) Oracle Database 12c: Advanced Administration(1Z0-063)

3. Oracle PL/SQL Developer Certified Associate

    1) SQL : 상기 SQL 시험(기존 합격자는 면제)
    　　　　　　　+
    2) Program With PL/SQL : 다음 2가지 시험 중 버전 관계 없이 1개 선택

        (1) Oracle Database 11g: Program with PL/SQL(1Z0-144)

        (2) Program with PL/SQL(1Z0-147)

4. Oracle Advanced PL/SQL Developer Certified Professional

   - Oracle Database 11g: Advanced PL/SQL(1Z0-146)

5. Oracle Certified Expert : Performance Tuning

   - Oracle Database 11g: Performance Tuning(1Z0-054)

6. Oracle Certified Expert : SQL Tuning

   - Oracle Database 11g Release 2: SQL Tuning(1Z0-117)

7. Oracle Database Administrator Certified Master

   - 인증된 2과목 과정 이수(오라클 사이트 참조)
   ＋
   - Oracle Database 11g Certified Master Exam 11GOCM

1Z0-051 시험 정보

- 관련 자격증
  - Oracle Database 12c Administrator Certified Associate / Professional / Master
  - Oracle Database 11g Administrator Certified Associate / Professional / Master
  - Oracle Database 10g Administrator Certified Associate /Professional / Master
  - Oracle PL/SQL Developer Certified Associate / Professional
  - OPN Certified Specialist
- 시험 방법 : 온라인(인터넷이 가능한 장소에서 개인적으로 응시)
- 시험 비용 : 미화 125달러
- 시험 시간 : 120분
- 문항 수 : 66
- 합격 점수 : 60% 이상
- 시험 유형 : 객관식(다지 선다형)

1Z0-061 시험 정보

- 관련 자격증
    - Oracle Database 12c Administrator Certified Associate / Professional / Master
    - Oracle Database 11g Administrator Certified Associate / Professional / Master
    - Oracle Database 10g Administrator Certified Associate / Professional / Master
    - Oracle PL/SQL Developer Certified Associate / Professional
    - OPN Certified Specialist
- 시험 방법 : 온라인(인터넷이 가능한 장소에서 개인적으로 응시)
- 시험 비용 : 미화 125달러
- 시험 시간 : 120분
- 문항 수 : 75
- 합격 점수 : 65% 이상
- 시험 유형 : 객관식(다지 선다형)

1Z0-051, 1Z0-061 시험 응시 방법

1. 피어슨뷰 회원 가입

    1) http://pearsonvue.com/oracle 사이트에 방문한다.

    2) 오른쪽의 Create an account를 클릭한다.

    3) 회원 가입한다.

2. 온라인 시험 신청 및 응시

    1) http://pearsonvue.com/oracle 사이트에 방문한다.

    2) 오른쪽의 Sign in - my account를 클릭하여 로그인한다.

    3) Non-Proctored Exams을 클릭한다.

    4) 아래 시험 중 응시할 시험을 선택한다.

    　(1) 1Z0-051-ENU-ONLINE : Oracle Database 11g: SQL Fundamentals I

    　(2) 1Z0-061-ONLINE : Oracle Database 12c: SQL Fundamentals

    5) 구매한 바우처(Voucher)가 있으면 번호를 입력하고, 없으면 다음 페이지

에서 신용카드로 결제한다.

6) 결제가 완료되면, **Begin Exam**을 클릭하여 시험을 시작한다.

【 학습 내용 및 출제 범위 】

- SQL SELECT 문의 기능
- 기본 SELECT 문
- 산술 연산자 우선순위
- 컬럼 별칭(alias)
- 연결 연산자와 리터럴 문자열
- 대체 인용 연산자
- DISTINCT 키워드
- DESCRIBE 명령어

1

SQL SELECT 문을 사용하여 데이터 검색

1.1 SQL SELECT 문의 기능

SELECT 문은 데이터베이스에서 정보를 검색한다. SELECT 문으로 다음 기능을 사용할 수 있다.

- 프로젝션(PROJECTION) : 질의에 의해 반환되는 테이블의 컬럼을 선택한다.
- 선택(SELECTION) : 질의에 의해 반환되는 테이블의 행을 선택한다.
- 조인(JOIN) : 여러 테이블에 저장된 데이터를 함께 조회한다.

1.2 모든 컬럼 선택

SELECT 절에서 *(별표) 또는 모든 컬럼 이름을 쉼표로 구분하여, 테이블의 모든 컬럼을 표시할 수 있다.

[예제] SELECT 절 모든 컬럼 선택

[1] SELECT 절에 *(별표)를 사용하여 departments 테이블의 모든 컬럼의 데이터를 표시한다.

[2] SELECT 절에 department_id, department_name, manager_id, location_id를 사용하여 departments 테이블의 모든 컬럼의 데이터를 표시한다.

[예제 1] *(별표) 사용

```
SELECT *
FROM departments;

DEPARTMENT_ID  DEPARTMENT_NAME           MANAGER_ID  LOCATION_ID
-------------  ------------------------  ----------  -----------
           10  Administration                   200         1700
           20  Marketing                        201         1800
...
27 rows selected.
```

[예제 2] 모든 컬럼 사용

```
SELECT department_id, department_name, manager_id, location_id
FROM departments;

DEPARTMENT_ID  DEPARTMENT_NAME           MANAGER_ID  LOCATION_ID
-------------  ------------------------  ----------  -----------
           10  Administration                   200         1700
           20  Marketing                        201         1800
...
27 rows selected.
```

1.3 특정 컬럼 선택

SELECT 절에서 컬럼 이름을 쉼표로 구분하여, 원하는 컬럼을 출력하려는 순서대로 지정하는 방식으로 테이블의 특정 컬럼을 표시할 수 있다.

[예제] SELECT 절 특정 컬럼 선택 : employees 테이블에서 last_name 컬럼과 email 컬럼을 선택하여 순서대로 표시한다.

```
SELECT last_name, email
FROM employees;

LAST_NAME                 EMAIL
------------------------  ----------------
Abel                      EABEL
Ande                      SANDE
...
107 rows selected.
```

1.4 산술 연산자 우선 순위

- 곱하기와 나누기는 더하기와 빼기보다 먼저 수행된다.
- 동일한 우선 순위를 갖는 연산자는 왼쪽에서 오른쪽으로 평가된다.
- 괄호로 묶인 표현식이 가장 우선한다.

[예제] 더미 테이블(DUAL)을 이용하여 계산을 수행한다. 우선 연산이 필요한 부분을 괄호로 묶는다. 아래 예는 연산자 우선 순위에 따라 괄호를 묶었기 때문에, 괄호를 제거해도 동일한 결과를 나타낸다.

[예제 1-1]
```
SELECT (((100*2)+(50/25))-1) FROM dual;

(((100*2)+(50/25))-1)
---------------------
                  201
```

[예제 1-2]
```
SELECT 100*2+50/25-1 FROM dual;

100*2+50/25-1
-------------
          201
```

1.5 컬럼 별칭(alias)

컬럼 별칭은 결과가 표시될 때 가장 상단에 나오는 컬럼 머리글의 이름을 바꾼다.

- 계산식에서 유용하다.
- 컬럼 이름 바로 뒤에 나온다.
- 컬럼 이름과 별칭 사이에 선택적으로 AS 키워드가 올 수도 있다.
- 공백이나 특수 문자를 포함하거나 대·소문자를 구분하는 경우 큰따옴표(" ")가 필요하다.
- 컬럼 별칭은 표현식에 사용하지 못한다.

[예제] 컬럼 별칭도 컬럼 이름처럼 머리글에는 원칙적으로 대문자로 표시된다. 예제의 last_name 컬럼을 Name과 같이 대소문자로 표현하고, salary * 12 표현식을 Annual Salary와 같이 대소문자와 공백을 표현하기 위해 큰 따옴표를 사용했다. 선택적으로 사용한 AS 키워드는 모두 생략할 수 있다.

```
SELECT last_name AS "Name", salary * 12 AS "Annual Salary"
FROM employees;

Name                    Annual Salary
--------------------    -------------
OConnell                       31200
Grant                          31200
...
107 rows selected.
```

[예제] 컬럼 별칭 "salary AS SAL"을 표현식 "SAL+500"에서 사용하면 에러가 발생한다.

```
SELECT last_name AS "NAME", salary AS SAL, SAL+500 AS "Incresed Salary"
FROM employees;

ERROR at line 1:
ORA-00904: "SAL": invalid identifier
```

1.6 연결 연산자(||)와 리터럴 문자

연결 연산자를 사용하면 컬럼을 다른 컬럼, 산술식, 상수 값에 연결하여 문자 표현식을 작성할 수 있다.

- 연결 연산자 양쪽이 결합되어 단일 출력 컬럼의 결과를 생성한다.
- SELECT 리스트에 포함된 문자, 숫자 또는 날짜를 리터럴이라고 한다.
- 리터럴은 반환되는 각 행에 대해 반복 출력된다.
- 날짜 및 문자 리터럴은 반드시 작은 따옴표(' ')로 묶어야 한다.

[예제] SELECT 절에 리터럴 'Hello!', last_name 컬럼, 리터럴 ','(쉼표)를 연결 연산자를 사용하여 결합하였다. 리터럴이 행마다 반복 출력되는 것을 볼 수 있다.

```
SELECT 'Hello! '|| last_name || ',' FROM employees;

'HELLO!'||LAST_NAME||','
---------------------
Hello! Abel,
Hello! Ande,
...
107 rows selected.
```

1.7 대체 인용(q) 연산자

리터럴 자체에 아포스트로피(apostrophe)가 포함된 경우 대체 인용(q) 연산자를 사용하여 아포스트로피를 표시할 수 있다.

단일 바이트든 멀티 바이트든 [ ], { }, ( ), 〈 〉 등 문자 쌍 중에서 사용하기 편한 구분자를 선택할 수 있다.

[예제] last_name 컬럼, 아포스트로피(')s, 리터럴 'job is', job_id 컬럼을 결합하여 출력한다. 아포스트로피를 표현하기 위하여 아래와 같이 다양한 방법으로 대체 인용 연산자를 사용할 수 있다.

[예제 1-1] 키워드 q, 작은 따옴표('), 문자(\), 아포스트로피(')s, 문자(\), 작은 따옴표(') 사용

```
SELECT last_name || q'\'s\' || ' job is ' || job_id EMPLOYEES
FROM employees;

EMPLOYEES
---------------------
Abel's job is SA_REP
...
107 rows selected.
```

[예제 1-2] 키워드 q, 작은 따옴표('), 문자(<), 아포스트로피(')s, 문자(>), 작은 따옴표(') 사용

```
SELECT last_name || q'<'s >' || ' job is ' || job_id EMPLOYEES
FROM employees;

EMPLOYEES
--------------------
Abel's  job is SA_REP
...
107 rows selected.
```

[예제 1-3] 키워드 q, 작은 따옴표('), 문자({), 아포스트로피(')s, 문자(}), 작은 따옴표(') 사용

```
SELECT last_name || q'{'s hiredate was }' || hire_date
       AS "Employee Hired" FROM employees;

Employee Hired
----------------------------------
OConnell's hiredate was 21-JUN-07
...
107 rows selected.
```

1.8 DISTINCT 키워드

결과에서 중복 행을 제거하려면 SELECT 키워드 바로 뒤에 DISTINCT 키워드를 포함시킨다.

- DISTINCT 뒤에 컬럼이나 표현식을 지정한다.
- DISTINCT는 선택된 모든 컬럼에 영향을 주며 결과는 각 행이 고유한 값으로 표시된다.
- DISTINCT는 SELECT 키워드 바로 다음에 한 번 사용할 수 있고 모든 컬럼에 영향을 준다.

[예제] employees에서 DISTINCT를 사용하여 중복되지 않는 고유한 department_id, job_id를 표시한다.

```
SELECT DISTINCT department_id, job_id FROM employees;

DEPARTMENT_ID    JOB_ID
-------------    ----------
          110    AC_ACCOUNT
           90    AD_VP
...
107 rows selected.
```

1.9 SQL 문과 SQL*Plus 명령어 비교

- SQL은 데이터에 엑세스하기 위해 오라클 서버와 통신하는 언어이다.
- SQL은 데이터베이스의 데이터와 테이블 정의를 조작한다.
- SQL 문으로는 SELECT, DML(INSERT, UPDATE, DELETE), DDL(ALTER, DROP, TRUNCATE, RENAME), TCL(COMMIT, ROLLBACK) 등이 있다.
- SQL*Plus는 SQL 문장을 인식하여 서버로 전송한다.
- SQL*Plus는 오라클 소유로 SQL 문 실행을 위한 인터페이스이다.
- SQL*Plus는 데이터베이스의 데이터를 변경할 수 없다.
- SQL*Plus 명령어로는 DESCRIBE, CONNECT, RUN, LIST 등이 있다.

1.10 DESCRIBE 명령어

> **구문**
> DESC[RIBE] table_name

- 컬럼 이름, NOT NULL 여부, 데이터 유형 등 테이블 구조를 표시한다.

[예제] DESCRIBE 명령어 사용 : DESCRIBE 명령은 테이블의 구조를 표시한다. DESC 로 축약할 수 있다. Name은 컬럼 이름, Null?는 NOT NULL 여부, Type은 데 이터 유형 및 크기를 나타낸다. [예제 1]에서는 departments 테이블의 구조 를 표시하고, [예제 2]에서는 employees 테이블의 구조를 표시한다.

[예제 1] DESCRIBE : departments 테이블 구조 표시

```
DESCRIBE departments

Name                    Null?       Type
-------------------     --------    ------------
DEPARTMENT_ID           NOT NULL    NUMBER(4)
DEPARTMENT_NAME         NOT NULL    VARCHAR2(30)
MANAGER_ID                          NUMBER(6)
LOCATION_ID                         NUMBER(4)
```

[예제 2] DESCRIBE : employees 테이블 구조 표시

```
DESC employees

Name                    Null?       Type
-------------------     --------    ------------
EMPLOYEE_ID             NOT NULL    NUMBER(6)
FIRST_NAME                          VARCHAR2(20)
LAST_NAME               NOT NULL    VARCHAR2(25)
EMAIL                   NOT NULL    VARCHAR2(25)
PHONE_NUMBER                        VARCHAR2(20)
HIRE_DATE               NOT NULL    DATE
JOB_ID                  NOT NULL    VARCHAR2(10)
SALARY                              NUMBER(8,2)
COMMISSION_PCT                      NUMBER(2,2)
MANAGER_ID                          NUMBER(6)
DEPARTMENT_ID                       NUMBER(4)
```

【 학습 내용 및 출제 범위 】

- WHERE 절을 사용하여 선택되는 행 제한
- 비교 연산자와 논리 연산자
- 연산자 우선 순위 규칙
- ORDER BY 절로 출력 결과 정렬
- 치환 변수
- DEFINE 명령어

2

데이터 제한 및 정렬

2.1 선택되는 행 제한

WHERE 절을 사용하여 질의(Query)에서 반환되는 행을 제한할 수 있다.

- FROM 절 바로 뒤에 사용한다.
- 조건이 참인 경우 해당 조건을 충족하는 행이 반환된다.
- WHERE 절에는 컬럼 별칭을 사용할 수 없다.
- WHERE 절에서 문자열과 날짜는 작은 따옴표로 묶어야 한다.
- 숫자는 작은 따옴표로 묶지 않는다.
- 문자 값은 대 · 소문자를 구분하고 날짜 값은 형식을 구분한다.
- 기본 날짜 형식은 DD-MON-RR이다.

[예제] WHERE 절 : employees 테이블에서 last_name에 'ing'가 포함되어 있고, 09년 1월 1일 이전에 입사한 사원의 last_name, salary, hire_date를 표시한다.

```
SELECT last_name, salary, hire_date
FROM employees
WHERE last_name LIKE '%ing%' AND hire_date < '01-JAN-09';

LAST_NAME                SALARY  HIRE_DATE
----------------------  -------  ---------
King                      24000  17-JUN-03
Kaufling                   7900  01-MAY-03
King                      10000  30-JAN-04
Livingston                 8400  23-APR-06
Dellinger                  3400  24-JUN-06
```

[예제] WHERE 절 컬럼 별칭 사용 제한 : employees 테이블에서 연봉이 10만 이상인 last_name, salary, salary*12 "ANNUAL_SALARY"를 표시한다. WHERE 절에 표현식은 사용할 수 있지만, 컬럼 별칭은 사용할 수 없다.

[틀린 예제] WHERE 절에 컬럼 별칭 ANNUAL_SALARY 사용하여 에러 발생

```
SELECT last_name, salary, salary*12 "ANNUAL_SALARY"
FROM employees
WHERE ANNUAL_SALARY > 100000;

ERROR at line 3:
ORA-00904: "ANNUAL_SALARY": invalid identifier
```

[맞는 예제] WHERE 절에 표현식 salary*12를 사용하여 문제 해결

```
SELECT last_name, salary, salary*12 "ANNUAL_SALARY"
FROM employees
WHERE salary*12 > 100000;

LAST_NAME                       SALARY    ANNUAL_SALARY
-----------------------       ---------   -------------
Hartstein                       13000         156000
Baer                            10000         120000
...
30 rows selected.
```

2.2 BETWEEN 연산자

BETWEEN 연산자를 사용하여 값의 범위를 기반으로 행을 표시할 수 있다.

- 지정한 범위에는 상한 및 하한이 포함된다.
- 먼저 하한 값을 지정해야 한다.
- 숫자 뿐만 아니라 문자 및 날짜 값에도 BETWEEN 연산자를 사용할 수 있다.

[예제] 날짜에 BETWEEN 연산자 : employees 테이블에서 2007년 입사하고 급여가 5000 이상인 last_name, salary, hire_date를 표시한다.

```
SELECT last_name, salary, hire_date
FROM employees
WHERE hire_date BETWEEN '01-JAN-2007' AND '31-DEC-2007'
AND salary > 5000;

LAST_NAME                       SALARY  HIRE_DATE
----------------------         --------  ---------
Ernst                            6000    21-MAY-07
Popp                             6900    07-DEC-07
...
9 rows selected
```

[예제] 문자 및 숫자에 BETWEEN 연산자 : employees 테이블에서 last_name이 'A' 이상 'C' 이하로 시작하고 급여가 2000 이상 5000 이하인 last_name, salary를 표시한다.

```
SELECT last_name, salary
FROM employees
WHERE last_name BETWEEN 'A' AND 'C'
AND salary BETWEEN 2000 AND 5000;

LAST_NAME                       SALARY
----------------------         --------
Atkinson                         2800
Austin                           4800
...
6 rows selected.
```

2.3 IN 연산자

지정된 값 집합에서 값을 검색하려면 IN 연산자를 사용한다.

- IN 연산자를 사용하여 정의한 조건을 멤버 조건이라고도 한다.
- IN 연산자는 Oracle 서버 내부에서 OR 조건의 집합으로 평가된다. 따라서 IN 연산자와 OR 조건은 성능상 동일하다.

[예제] IN 연산자와 OR 조건 : employees 테이블에서 manager_id가 100, 101인 employee_id, last_name, manager_id를 표시한다. 아래 두 문장은 성능과 결과가 동일하다.

[예제 1-1] IN 연산자

```
SELECT employee_id, last_name, manager_id
FROM employees
WHERE manager_id IN (100, 101);

EMPLOYEE_ID  LAST_NAME       MANAGER_ID
-----------  --------------  ----------
        201  Hartstein              100
        101  Kochhar                100
...
9 rows selected.
```

[예제 1-2] OR 조건

```
SELECT employee_id, last_name, manager_id
FROM employees
WHERE manager_id = 100
OR manager_id = 101;

EMPLOYEE_ID  LAST_NAME       MANAGER_ID
-----------  --------------  ----------
        201  Hartstein              100
        101  Kochhar                100
...
9 rows selected.
```

2.4 LIKE 연산자

LIKE 연산자를 사용하여 문자 패턴이 일치하는 행을 검색할 수 있다. 문자 패턴을 일치시키는 작업을 대체 문자(와일드 카드) 검색이라고 한다.

다음의 두 가지 기호를 사용하여 검색 문자열을 구성할 수 있다.

- % : 0개 이상의 문자를 나타낸다.
- _ : '_' 마다 문자 1개를 나타낸다.

2.5 ESCAPE 식별자

실제 '%' 또는 '_'를 검색하는 경우 ESCAPE 식별자를 사용한다. ESCAPE 식별자로 지정한 문자나 기호는 작은 따옴표로 묶는다. 검색할 문자열에서 ESCAPE 식별자로 지정한 문자 또는 기호의 바로 다음 문자는 와일드 카드가 아니라 찾고자 하는 '%' 또는 '_'이다.

[예제] LIKE 연산자에 ESCAPE 식별자를 사용하여 '_'가 포함된 문자 검색 : employees 테이블에서 job_id에 'SA_'가 포함된 employee_id, last_name, job_id를 표시한다. SA 다음의 '_'는 대체 문자가 아니라 검색을 원하는 문자이기 때문에 ESCAPE 식별자 '\' 바로 다음에 사용하였다.

```
SELECT employee_id, last_name, job_id
FROM employees
WHERE job_id LIKE '%SA\_%' ESCAPE '\';

EMPLOYEE_ID  LAST_NAME        JOB_ID
-----------  ---------------  -------
        145  Russell          SA_MAN
...
        150  Tucker           SA_REP
...
35 rows selected.
```

[예제] LIKE 연산자에 ESCAPE 식별자를 사용하여 '%'가 포함된 문자 검색 : 'A%_CD987', 'A%BCD987', 'AB_CD987'과 같은 문자 중에서 'A%'가 포함된 문자를 표시한다. A 다음의 '%'는 대체 문자가 아니라 검색을 원하는 문자이기 때문에 ESCAPE 식별자 '\' 바로 다음에 사용하였다.

```
SELECT code
FROM (SELECT 'A%_CD987' code FROM DUAL
    UNION ALL
    SELECT 'A%BCD987' code FROM DUAL
    UNION ALL
    SELECT 'AB_CD987' code FROM DUAL)
WHERE code LIKE '%\%_CD98%' ESCAPE '\';
```

```
CODE
---------
A%_CD987
A%BCD987
```

[예제] LIKE 연산자에 ESCAPE 식별자를 사용하여 '_'로 시작된 문자 검색 : 'A_123', '_A123', 'A123' 문자에서 '_'로 시작하는 '_A123' 문자를 표시한다. 첫 문자의 '_'는 대체 문자가 아니라 검색을 원하는 문자이기 때문에 ESCAPE 식별자 '\' 바로 다음에 사용하였다.

```
SELECT code
FROM (SELECT 'A_123' code FROM DUAL
      UNION ALL
      SELECT '_A123' code FROM DUAL
      UNION ALL
      SELECT 'A123' code FROM DUAL)
WHERE code LIKE '\_A123' ESCAPE '\';
```

```
CODE
------
_A123
```

2.6 NULL 조건

NULL 조건은 IS NULL 조건과 IS NOT NULL 조건을 포함한다.

- IS NULL 조건은 널 값을 검색하고, IS NOT NULL은 널이 아닌 값을 검색한다.
- 널 값은 사용할 수 없거나, 할당되지 않았거나, 알 수 없거나, 적용할 수 없는 값을 의미한다.
- 널 값은 어떠한 값과도 같거나 다르다고 할 수 없기 때문에 등호(=)를 사용하여 테스트할 수 없다.

[예제] IS NOT NULL 조건 : employees 테이블에서 commission_pct와 salary가 널이 아닌, 즉 commission_pct와 salary를 받는 last_name, TAX_AMOUNT(salary의 8%)를 표시한다.

```
SELECT last_name, salary * .08 AS TAX_AMOUNT
FROM employees
WHERE commission_pct IS NOT NULL
AND salary IS NOT NULL;

LAST_NAME            TAX_AMOUNT
---------------      ----------
Russell                    1120
Partners                   1080
...
35 rows selected.
```

[예제] IS NOT NULL 조건 : employees 테이블에서 commission_pct가 널인 last_name, commission_pct를 표시한다. 널 값은 '〈〉'와 같은 비교 연산자를 사용하면 원하는 결과를 얻을 수 없다. IS NOT NULL을 사용해야 한다.

[틀린 예제]

```
SELECT last_name, commission_pct
FROM employees
WHERE commission_pct <> '';

no rows selected
```

[맞는 예제]

```
SELECT last_name, commission_pct
FROM employees
WHERE commission_pct IS NOT NULL;

LAST_NAME            COMMISSION_PCT
---------------      --------------
Russell                          .4
Partners                         .3
...
35 rows selected.
```

2.7 논리 조건

논리 조건은 두 조건의 결과를 결합하여, 해당 조건의 전체 결과가 참인 경우에만 행이 반환된다.

- AND : 구성 요소 조건이 모두 참인 경우 결과를 반환한다.
- OR : 구성 요소 조건 중 하나가 참인 경우 결과를 반환한다.
- NOT : 조건이 거짓인 경우 결과를 반환한다.

[예제] 논리 조건 : 논리 조건과 연산자에 NOT을 사용하여 employees에서 다음과 같은 조건의 last_name, salary를 표시한다.

- first_name이 'A'로 시작하지 않고 중간에 'k'를 포함하지 않는다.
- salary가 3000 이상 10000 이하이면서 4000과 8000을 포함하지 않는다.
- last_name이 'A'나 'B'로 시작하지 않는다.

```
SELECT last_name, salary
FROM employees
WHERE first_name NOT LIKE 'A_%k_%'
AND salary BETWEEN 3000 AND 10000
AND salary NOT IN (4000, 8000)
AND last_name NOT BETWEEN 'A' AND 'B';

LAST_NAME                SALARY
-------------------      ------
Whalen                     4400
Fay                        6000
...
62 rows selected.
```

[예제] 논리 조건 : 논리 조건과 연산자에 NOT을 사용하여 employees에서 다음과 같은 조건의 last_name, salary, hire_date를 표시한다.

- last_name이 T 또는 N으로 시작하지 않는다.
- salary는 8000 보다 많다.
- 2007년 1월 1일 이후에 입사(hire_date)했다.

```
SELECT last_name, salary, hire_date
FROM employees
WHERE last_name NOT LIKE 'T%'
AND last_name NOT LIKE 'N%'
AND salary > 8000
AND hire_date > '01-JAN-07';
```

```
LAST_NAME                SALARY   HIRE_DATE
-------------------      ------   ---------
Cambrault                 11000   15-OCT-07
Zlotkey                   10500   29-JAN-08
Greene                     9500   19-MAR-07
```

2.8 연산자 우선 순위 규칙

연산자 우선 순위 규칙은 다음의 순서대로 표현식이 평가되고 계산된다. 그러나 괄호로 묶인 부분은 기본 순서보다 우선한다.

1. 산술 연산자(*, /, +, -)
2. 연결 연산자(||)
3. 비교 조건(=, 〉, 〈, 〉=, 〈=)
4. IS [NOT] NULL, LIKE, [NOT] IN
5. [NOT] BETWEEN
6. 같지 않음(〈〉)
7. NOT 논리 조건
8. AND 논리 조건
9. OR 논리 조건

[예제] 연산자 우선 순위 : employees 테이블에서 job_id가 FI_ACCOUNT 또는 IT_PROG이고 2005년에 입사(hire_date)한 last_name, salary를 표시한다.

[1] IN과 BETWEEN 연산자를 사용하고 AND 논리 조건으로 결합하였다.

[2] IN과 BETWEEN 대신에 비교 및 논리 조건을 사용하였다. 조건절은 연산자 우

선 순위 규칙에 따라 반드시 괄호를 사용해야 한다.

[예제 1] IN과 BETWEEN 연산자

```
SELECT last_name, salary
FROM employees
WHERE job_id IN ('FI_ACCOUNT', 'IT_PROG')
AND hire_date BETWEEN '01-JAN-05'
AND '31-DEC-05';
```

```
LAST_NAME               SALARY
-------------------     ------
Chen                    8200
Sciarra                 7700
Austin                  4800
```

[예제 2] IN 대신 비교(=) 및 OR 조건, BETWEEN 대신 비교(>=, <=) 및 AND 조건 사용

```
SELECT last_name, salary
FROM employees
WHERE (job_id = 'FI_ACCOUNT' OR job_id = 'IT_PROG')
AND (hire_date >= '01-JAN-05'
AND hire_date <= '31-DEC-05');
```

```
LAST_NAME               SALARY
-------------------     ------
Chen                    8200
Sciarra                 7700
Austin                  4800
```

2.9 정렬(Sort)

ORDER BY 절을 사용하여 행을 정렬할 수 있다.

▶ 구문

ASC: 오름차순으로 행을 정렬한다(기본값).
DESC: 내림차순으로 행을 정렬한다.

- 기본 정렬 순서는 ASC(오름차순)이다.
- 숫자 값은 가장 낮은 값이 먼저 표시된다.

- 날짜 값은 가장 오래된 값이 먼저 표시된다.
- 문자 값은 사전순으로 표시된다(대문자 우선).
- 널 값은 맨 뒤에 표시된다.
- NULLS FIRST 또는 NULLS LAST 키워드를 사용하여 널 값을 포함해서 반환된 행이 정렬 순서상 맨 처음 나타나거나 또는 마지막에 나타나도록 지정할 수 있다.
- SELECT 문장의 마지막에 온다.
- 가장 마지막에 실행된다.
- 컬럼, 표현식, 별칭 또는 컬럼 위치자를 정렬 조건으로 지정할 수 있다.
- SELECT 절에 없는 컬럼을 기준으로 정렬할 수 있다.
- HAVING 절을 사용하는 SELECT 문에도 사용할 수 있다.
- 표현식을 사용한 문장에도 컬럼 이름을 사용할 수 있다.
- 컬럼 위치자(SELECT 절의 컬럼 순서)와 컬럼 이름을 함께 사용할 수 있다.

[예제] ORDER BY 절에 NULLS LAST : employees 테이블에서 last_name, manager_id를 표시한다.

[1] manager_id로 오름차순 정렬한다. 널 값(King의 manager_id)은 가장 마지막에 표시된다.

[2] manager_id로 내림차순 정렬한다. 널 값(King의 manager_id)은 원래 가장 처음에 표시되지만, NULLS LAST 키워드를 사용하여 널 값이 마지막에 표시된다.

[예제 1] 오름차순 정렬

```
SELECT last_name, manager_id
FROM employees
ORDER BY manager_id;

LAST_NAME                MANAGER_ID
-------------------      ----------
Hartstein                       100
...
Gietz                           205
King

107 rows selected.
```

[예제 2] 내림차순 정렬과 NULLS LAST

```
SELECT last_name, manager_id
FROM employees
ORDER BY manager_id desc NULLS LAST;

LAST_NAME            MANAGER_ID
------------------   ----------
Gietz                       205
...
Hartstein                   100
King

107 rows selected.
```

[예제] ORDER BY 절에 표현식 : employees 테이블에서 2007년 1월 1일 이전에 입사한 last_name을 표시한다. 연봉을 나타내는 표현식(salary*12)을 ORDER BY 절에 사용하여 내림차순으로 정렬한다.

```
SELECT last_name
FROM employees
WHERE hire_date > '01-JAN-07'
ORDER BY salary*12 DESC;

LAST_NAME
---------------
Cambrault
Zlotkey
...
30 rows selected.
```

[예제] ORDER BY 절에 별칭 : employees 테이블에서 last_name, salary를 표시한다. salary를 기준으로 오름차순 정렬하는데, 컬럼 이름 대신 별칭을 사용하였다. SELECT 절에 큰 따옴표를 사용한 컬럼 별칭은 ORDER BY 절에서도 그대로 사용해야 에러가 발생하지 않는다.

[틀린 예제]

```
SELECT last_name, salary "sal"
FROM employees
ORDER BY sal;
```

```
ERROR at line 3:
ORA-00904: "SAL": invalid identifier
```

[맞는 예제]

```
SELECT last_name, salary "sal"
FROM employees
ORDER BY "sal";

LAST_NAME                sal
------------------   --------
Olson                    2100
...
King                    24000

107 rows selected.
```

[예제] ORDER BY 절에 컬럼 위치자 : employees 테이블에서 last_name을 표시한다. 정렬은 ORDER BY 절에 컬럼 위치자 1을 사용하여 SELECT 절의 첫 컬럼을 기준으로 한다. 문자의 정렬 순서는 대문자가 소문자 보다 앞선다.

```
SELECT LOWER(last_name)
FROM employees
UNION ALL
SELECT UPPER(last_name)
FROM employees
ORDER BY 1;

LOWER(LAST_NAME)
----------------
ABEL
ANDE
...
abel
ande
...
214 rows selected.
```

[예제] ORDER BY 절에 컬럼 위치자 : employees 테이블에서 last_name, salary, hire_date를 표시한다. 정렬은 salary 컬럼으로 내림차순 정렬한다.

[1] ORDER BY절에 컬럼 이름 salary를 사용하였다.

[2] SELECT 절의 두 번째 컬럼을 의미하는 컬럼 위치자 2를 사용하였다.

[예제 1] ORDER BY 절에 컬럼 이름

```
SELECT last_name, salary, hire_date
FROM EMPLOYEES
ORDER BY salary DESC;
```

```
LAST_NAME               SALARY  HIRE_DATE
----------------------  ------  ---------
King                     24000  17-JUN-03
...
Olson                     2100  10-APR-07

107 rows selected.
```

[예제 2] ORDER BY 절에 컬럼 위치자

```
SELECT last_name, salary, hire_date
FROM EMPLOYEES
ORDER BY 2 DESC;
```

```
LAST_NAME               SALARY  HIRE_DATE
----------------------  ------  ---------
King                     24000  17-JUN-03
...
Olson                     2100  10-APR-07

107 rows selected.
```

2.10 여러 컬럼 정렬

둘 이상의 컬럼을 기준으로 정렬할 수 있다.

- ORDER BY 절에서 정렬을 원하는 순서대로 컬럼을 나열하고, 쉼표를 사용하여 컬럼 이름을 구분한다.
- 각 컬럼별로 오름차순(ASC : 기본값) 또는 내림차순(DESC)을 지정한다.

[예제] 여러 컬럼 정렬 : employees 테이블에서 employee_id, last_name, salary 를 표시한다.

[1] 정렬은 먼저 숫자(salary) 오름차순한 후, 문자(last_name) 오름차순한다.

[2] 정렬은 먼저 문자(last_name) 오름차순한 후, 숫자(salary) 내림차순한다.

[예제1] salary 오름차순, last_name 오름차순

```
SELECT employee_id, last_name, salary
FROM employees
ORDER BY salary, last_name;

EMPLOYEE_ID   LAST_NAME        SALARY
-----------   ----------       ------
        132   Olson              2100
...
        153   Olsen              8000
        159   Smith              8000
        120   Weiss              8000
...
107 rows selected.
```

[예제2] last_name 오름차순, salary 내림차순

```
SELECT employee_id, last_name, salary
FROM employees
ORDER BY last_name, salary DESC;

EMPLOYEE_ID   LAST_NAME        SALARY
-----------   ----------       ------
        174   Abel              11000
...
        178   Grant              7000
        199   Grant              2600
...
107 rows selected.
```

2.11 치환 변수

치환 변수를 이용하여 사용자가 문장 실행 시 직접 입력한 값으로 문장을 실행할 수 있다.

- 다음과 같이 2가지 유형의 치환 변수가 있다.
  - 단일 앰퍼샌드(&) : 치환 변수마다 값을 입력한다.

- 이중 앰퍼샌드(&&) : 치환 변수에 값을 한 번 입력하면, DEFINE되어 변수 값이 재사용된다.
- & 기호 바로 다음에 변수 이름을 지정한다.
- 변수 이름에 큰 따옴표나 작은 따옴표를 사용하지 않는다. 그러나 입력할 문자 및 날짜 값을 치환 변수로 지정할 경우에는 작은 따옴표로 묶어야 한다. 그렇지 않으면 값 입력시 매번 작은 따옴표를 사용해야 한다.
- 치환 변수는 SELECT 문장 전반에서 컬럼 이름이나 테이블 이름에 사용할 수 있다.

[예제] 치환 변수 : SELECT 절의 컬럼 이름, FROM 절의 테이블 이름, WHERE 절 조건의 last_name에 치환 변수를 사용하여 문장을 실행한다.

```
SELECT &1, &2
FROM &3
WHERE last_name = '&4';

Enter value for 1: last_name
Enter value for 2: salary
old   1: SELECT &1, &2
new   1: SELECT last_name, salary
Enter value for 3: employees
old   2: FROM &3
new   2: FROM employees
Enter value for 4: Abel
old   3: WHERE last_name = '&4'
new   3: WHERE last_name = 'Abel'

LAST_NAME                    SALARY
--------------------         --------
Abel                           11000
```

2.12 DEFINE 명령어

치환 변수에 사용할 값을 정의하면, 입력할 값을 묻지 않고, 정의된 값을 사용한다.

- DEFINE 명령어를 사용하여 값을 정의한다.
- UNDEFINE 명령어를 사용하여 정의된 값을 해제한다.

[예제] DEFINE과 UNDEFINE : employees 테이블에서 last_name, salary, hire_date, manager_id를 표시한다. salary는 치환 변수를 사용하는데, DEFINE 명령어로 치환 변수 &sal에 사용할 값을 미리 정의한다. 문장 실행 시 치환 변수에 입력 값을 묻지 않는다. UNDEFINE 명령어를 사용하여 치환 변수 &sal에 정의된 값을 해제한다. 문장 실행 시 치환 변수에 입력 값을 다시 묻는다.

```
DEFINE sal = 3000

SELECT last_name, salary, hire_date, manager_id
FROM employees
WHERE salary = &sal;

old   3: WHERE salary = &sal
new   3: WHERE salary = 3000

LAST_NAME          SALARY  HIRE_DATE   MANAGER_ID
---------------    ------  ---------   ----------
Cabrio              3000   07-FEB-07       121
Feeney              3000   23-MAY-06       124

UNDEFINE sal = 3000

SELECT last_name, salary, hire_date, manager_id
FROM employees
WHERE salary = &sal;

Enter value for sal: 3000
old   3: WHERE salary = &sal
new   3: WHERE salary = 3000

LAST_NAME          SALARY  HIRE_DATE   MANAGER_ID
---------------    ------  ---------   ----------
Cabrio              3000   07-FEB-07       121
Feeney              3000   23-MAY-06       124
```

[예제] 여러 치환 변수 일부에 DEFINE 사용 : employees 테이블에서 last_name, hire_date, manager_id를 표시한다. 두 개의 '&sdate', &mid 치환 변수 중에서 sdate 치환 변수만 DEFINE 한 경우, 문장 실행 시 DEFINE하지 않은 &mid에 대해서만 입력할 값을 묻는다. &sdate는 DEFINE된 '23-MAY-2006'을 사용한다.

```
DEFINE sdate = '23-MAY-2006'

SELECT last_name, hire_date, manager_id
FROM employees
WHERE hire_date = '&sdate'
AND manager_id = &mid;
old   3: WHERE hire_date = '&sdate'
new   3: WHERE hire_date = '23-MAY-2006'
Enter value for mid: 124
old   4: AND manager_id = &mid
new   4: AND manager_id = 124

LAST_NAME            HIRE_DATE  MANAGER_ID
-----------------    ---------  ----------
Feeney               23-MAY-06         124
```

【 학습 내용 및 출제 범위 】

- 단일행 함수
- 문자 함수
- 숫자 함수
- 날짜 연산
- 날짜 함수

3

단일 행 함수

3.1 SQL 함수

SQL 함수는 컬럼이나 표현식 등 데이터 항목을 조작하여 결과를 반환한다.

- SQL 함수는 오라클 데이터베이스에 내장되어 SQL 문장에서 다양하게 사용할 수 있다.
- 단일 행 함수 유형과 그룹 함수 유형이 있다.

3.2 단일 행 함수

단일 행 함수는 단일 행마다 실행되며, 행 당 하나의 결과를 반환한다. 문자(character), 숫자(numeric), 날짜(date), 변환(conversion) 함수 등이 있다.

단일 행 함수의 속성은 다음과 같다.

- 데이터 항목(item)을 조작한다.
- 컬럼이나 상수, 표현식을 인수로 받는다.
- 하나 이상의 인수를 받아들이고 행 당 하나의 결과를 반환한다.
- 반환되는 각 행마다 실행된다.
- 데이터 유형을 수정하거나 수정될 수 있다.
- 단일 행 함수는 레벨에 관계없이 중첩될 수 있으며, 가장 안쪽부터 바깥쪽으로 해석된다.

3.3 그룹 함수

그룹 함수는 행 그룹당 하나의 결과를 산출하도록 행 그룹을 조작한다. 자세한 내용은 5장, "그룹 함수"에서 다룬다.

3.4 문자 함수

문자 함수는 인수로 문자 데이터를 받아들이고 문자 또는 숫자 값을 반환한다.

- LOWER : 영문자 값을 소문자로 변환한다.
- UPPER : 영문자 값을 대문자로 변환한다.
- INITCAP : 영문자 값의 첫 글자를 대문자로 변환하고 나머지 글자는 소문자로 바꾼다.
- CONCAT : 첫 번째 문자 값을 두 번째 문자 값과 연결한다.
- SUBSTR : 문자 값에서 지정한 위치와 길이만큼 문자를 추출한다.
- LENGTH : 문자 수를 반환한다.
- INSTR : 지정된 문자열의 숫자 위치를 반환한다.
- LPAD : 지정한 길이가 되도록 왼쪽부터 문자식으로 채운 표현식을 반환한다.
- RPAD : 지정한 길이가 되도록 오른쪽부터 문자식으로 채운 표현식을 반환한다.
- TRIM : 문자열에서 선행 또는 후행 문자 또는 둘 다를 자를 수 있다.
- REPLACE : 문자열에서 지정된 대체 문자열로 바꾼다.

[예제] LOWER 함수 : employees 테이블에서 last_name이 'king'인 사원을 표시한다. last_name은 첫 글자는 대문자, 나머지는 소문자로 저장되어 있으므로, 저장된대로 검색해야 한다. LOWER 함수로 last_name을 소문자로 바꾼 후, 소문자 'king'과 비교하므로 검색이 가능하다.

```
SELECT last_name
FROM employees
WHERE LOWER(last_name) = 'king';

LAST_NAME
--------------
King
King
```

[예제] LOWER 함수 : employees 테이블에서 이름이 'A', 'B', 'C'로 시작하고 급여가 10000 보다 적은 사원의 last_name, salary를 표시한다. UPPER 함수를 사용하여 last_name을 모두 대문자로 변환한 후 LIKE 연산자로 비교 검색한다.

```
SELECT last_name, salary
FROM employees
WHERE (UPPER(last_name) LIKE 'A%'
    OR UPPER(last_name) LIKE 'B%'
    OR UPPER(last_name) LIKE 'C%' )
AND salary < 10000;

LAST_NAME           SALARY
----------------    ---------
Austin              4800
Chen                8200
...
15 rows selected.
```

[예제] CONCAT 함수 : employees 테이블에서 first_name, last_name, job_id 컬럼의 결과를 연결하여 표시한다. CONCAT 함수의 인수는 2개로 제한되기 때문에 [예제 1]에서는 에러가 발생한다. 3개 이상의 컬럼을 단일 컬럼의 결과로 출력하려면 [예제 2]의 함수 중첩이나 [예제 3]의 연결 연산자를 사용한다.

[예제 1] CONCAT 함수 - 인수 개수 초과로 에러 발생

```
SELECT CONCAT(FIRST_NAME, LAST_NAME, JOB_ID)
FROM employees;

ERROR at line 1:
ORA-00909: invalid number of arguments
```

[예제 2] CONCAT 함수 중첩

```
SELECT CONCAT(CONCAT(FIRST_NAME, LAST_NAME), JOB_ID)
FROM employees;

CONCAT(CONCAT(FIRST_NAME,LAST_NAME), JOB_ID)
--------------------------------------------
WilliamGietzAC_ACCOUNT
ShelleyHigginsAC_MGR
...
107 rows selected.
```

[**예제 3**] 연결 연산자

```
SELECT FIRST_NAME||LAST_NAME||JOB_ID
FROM employees;

FIRST_NAME||LAST_NAME||JOB_ID
-----------------------------
WilliamGietzAC_ACCOUNT
ShelleyHigginsAC_MGR
...
107 rows selected.
```

[**예제**] LENGTH, INSTR, SUBSTR 함수 : employees 테이블에서 last_name이 'n' 으로 끝나는 사원의 last_name 등을 표시한다. SUBSTR(last_name, -1, 1)에서 두 번째 인수 -1은 오른쪽 끝에서 첫 번째를 의미하고, 세 번째 인수 1은 두 번째 인수의 시작 위치부터 한 글자를 의미한다. LENGTH(last_name)는 last_name 각각의 길이를, INSTR(last_name, 'a')은 last_name 에서 'a'의 위치를 나타낸다.

```
SELECT last_name, LENGTH(last_name), INSTR(last_name, 'a')
FROM employees
WHERE SUBSTR(last_name, -1, 1) = 'n';

LAST_NAME      LENGTH(LAST_NAME)    INSTR(LAST_NAME, 'A')
----------     -----------------    ---------------------
Atkinson                       8                        0
Austin                         6                        0
...
19 rows selected.
```

[**예제**] INSTR, SUBSTR 함수 : employees 테이블에서 last_name에 'a'가 있고, 끝에서 두 번째에 'n'이 있는 last_name을 표시한다. last_name에 'a'가 있으면 INSTR(last_name, 'a')은 0 이외의 숫자가 되지만, 'a'가 없으면 0이 된다. 0이 아닌 것을 검색하기 때문에 last_name에 'a'가 있는 것을 의미한다. SUBSTR(last_name, -2, 1)에서 두 번째 인수 -2는 오른쪽 끝에서 두 번째를 의미하고, 세 번째 인수 1은 두 번째 시작 위치부터 한 글자를 의미한다.

```
SELECT last_name
FROM employees
WHERE INSTR(last_name, 'a')<>0
AND SUBSTR(last_name, -2, 1)='n';

LAST_NAME
-----------
Grant
Grant
Kaufling
Marvins
Sarchand
```

[예제] INSTR 함수 : 'ABCDABCDAB'에서 세 번째 'AB'가 있는 위치를 표시한다. 세 번째 인수 3은 왼쪽에서 세 번째 문자인 'C'부터, 네 번째 인수인 2는 두 번째 'AB'가 있는 위치를 나타낸다.

```
SELECT INSTR('ABCDABCDAB', 'AB', 3, 2)
FROM DUAL;

INSTR('ABCDABCDAB','AB',3,2)
----------------------------
                           9
```

[예제] 함수 중첩 : last_name과 공백 그리고 'Se'를 표시한다. 함수는 가장 안쪽에 있는 LENGTH -> SUBSTR -> UPPER -> INITCAP 순서로 적용된다. -LENGTH('Seoul')는 -5이고, SUBSTR('Seoul', -5, 2)는 오른쪽부터 다섯 번째 즉, S부터 두 글자 'Se'이고, UPPER('Se')는 'SE', last_name은 'Abel' 이므로 INITCAP('Abel'||' '||'SE')는 'Abel Se'가 된다.

```
SELECT INITCAP(last_name||' '||UPPER(SUBSTR('Seoul', -LENGTH('Seoul'), 2)))
FROM employees
WHERE last_name = 'Abel';

INITCAP(LAST_NAME||''||UPPER
----------------------------
Abel Se
```

[예제] 함수 중첩 : 'Tomas McCain', 'Julia MCEwen', 'King James'에서 name 의 두 번째 부분에 'Mc'나 'MC'로 시작하는 name을 나타낸다. where 절 의 함수는 INSTR -> SUBSTR -> INITCAP 순서로 적용된다. INSTR (name,' ')+1은 각 이름 사이의 처음 공백 위치 + 1인 7, 7, 6을 나타내고, SUBSTR(name, INSTR(name,' ')+1)은 각각 두 번째 이름을 나타내고, INITCAP(SUBSTR(name, INSTR(name,' ')+1))은 각 두 번째 이름의 첫 글 자는 대문자, 나머지는 소문자를 나타낸다. 결국 WHERE 절 조건은 name 이 Mc 또는 MC로 시작하는 것을 검색한다.

```
SELECT SUBSTR(name, INSTR(name,' ')+1)
FROM (SELECT 'Tomas McCain' NAME FROM dual
      UNION ALL
      SELECT 'Julia MCEwen' NAME FROM dual
      UNION ALL
      SELECT 'King James' NAME FROM dual)
WHERE INITCAP(SUBSTR(name, INSTR(name,' ')+1)) LIKE 'Mc%';

SUBSTR(NAME,INSTR(NAME,'
-----------------------
McCain
MCEwen
```

[예제] 함수 중첩 : name의 세 부분 중에서 첫 번째 부분을 '*' 표로 표시한다. 아래 두 문장의 SELECT 절은 같고 WHERE 절의 조건이 조금 다르지만 결과는 같다.

[1] WHERE 절 조건에서 INSTR(name, ' ', 1, 2)은 name의 공백이 앞에서 첫 번 째 자리(인수 1)부터 두 번째 공백(인수 2)이 있는 위치는 각각 13, 0, 16이고, 이 중에서 0이 아닌, 즉 이름이 세 부분이 있는 'Howard Duane Allman', 'Edward Benjamin Britten'을 검색한다.

[2] WHERE 절 조건에서 INSTR(name, ' ', -1, 2)은 name의 공백이 뒤에서 첫 번 째 자리(인수 -1)부터 두 번째 공백(인수 2)이 있는 위치는 각각 7, 0, 7이고, 이 중에 서 0이 아닌, 즉 이름이 세 부분이 있는 'Howard Duane Allman', 'Edward Benjamin Britten'을 검색한다.

SELECT 절은 INSTR -> SUBSTR -> LENGTH -> LPAD 순서로 적용된다. INSTR(name,' ')은 이름 부분에 처음 공백(' ')이 있는 위치로 각각 7, 7이고, SUBSTR(name, 7)은 이름의 첫 부분인 'Howard', 'Edward'이다. LENGTH(name)은 각각 19('Howard Duane Allman'), 23('Edward Benjamin Britten')이다. 결국 LPAD 함수가 적용되어 세 부분의 이름 중에서 첫 번째 공백부터 마지막 글자까지 출력하는데, 이름 글자 수만큼 자릿 수를 할당해서 오른쪽으로 정렬하고 빈 곳은 '*'로 채운다.

[예제 1] INSTR(name,' ', 1, 2) <> 0
```
SELECT LPAD(SUBSTR(name, INSTR(name,' ')), LENGTH(name), '*') NAME
FROM (SELECT 'Howard Duane Allman' NAME FROM dual
      UNION ALL
      SELECT 'Julia MCEwen' NAME FROM dual
      UNION ALL
      SELECT 'Edward Benjamin Britten' NAME FROM dual)
WHERE INSTR(name,' ', 1, 2) <> 0;

NAME
-------------------------
****** Duane Allman
****** Benjamin Britten
```

[예제 2] INSTR(name,' ', -1, 2) <> 0
```
SELECT LPAD(SUBSTR(name, INSTR(name,' ')), LENGTH(name), '*') NAME
FROM (SELECT 'Howard Duane Allman' NAME FROM dual
      UNION ALL
      SELECT 'Julia MCEwen' NAME FROM dual
      UNION ALL
      SELECT 'Edward Benjamin Britten' NAME FROM dual)
WHERE INSTR(name,' ', -1, 2) <> 0;

NAME
-------------------------
****** Duane Allman
****** Benjamin Britten
```

[예제] LPAD, RPAD 함수 : LPAD(123456, 10,'*')는 123456을 표시하는데, 10자리를 할당하고, 오른쪽 정렬 후, 빈 곳은 '*'로 채운다. RPAD (123456, 10,'*')는 123456을 표시하는데, 10자리를 할당하고, 왼쪽 정렬 후, 빈 곳은 '*'로 채운다.

```
SELECT LPAD(123456, 10, '*'), RPAD(123456, 10, '*')
FROM dual;

LPAD(12345)    RPAD(12345)
-----------    -----------
****123456     123456****
```

[예제] RPAD(ROUND) 함수 중첩 : 괄호 안에 있는 ROUND(123456.78)은 ROUND (123456.78, 0)과 같으므로 정수로 반올림되어 123457이 된다. ROUND 함수가 적용된 이후 RPAD(123457,10,'*')는 123457을 표시하는데, 10자리를 할당하고, 왼쪽 정렬 후, 빈 곳은 '*'표로 채운다.

```
SELECT RPAD(ROUND(123456.78), 10, '*')
FROM dual;

RPAD(ROUND
-----------
123457****
```

[예제] TRIM 함수 : TRIM(LEADING 'A' FROM 'ABCBA')는 ABCBA에서 선행 A를 제거하여 BCBA를 표시한다. TRIM(TRAILING 'A' FROM 'ABCBA')는 ABCBA에서 후행 A를 제거하여 ABCB를 표시한다. TRIM(BOTH 'A' FROM 'ABCBA')는 ABCBA에서 선행 및 후행 A를 제거하여 BCB를 표시한다. TRIM('A' FROM 'ABCBA')는 TRIM(BOTH 'A' FROM 'ABCBA')와 같다.

```
SELECT TRIM(LEADING 'A' FROM 'ABCBA') L,
       TRIM(TRAILING 'A' FROM 'ABCBA') T,
       TRIM(BOTH 'A' FROM 'ABCBA') B,
       TRIM('A' FROM 'ABCBA') D
FROM dual;

L       T       B       D
------  ------  ------  ------
BCBA    ABCB    BCB     BCB
```

[예제] TRIM 함수의 잘못된 사용: TRIM 함수는 삭제할 문자를 하나만 지정할 수 있는데, 'ab' 두 문자를 지정하여 에러가 발생한다.

```
SELECT TRIM('ab' FROM last_name)

ERROR at line 1:
ORA-30001: trim set should have only one character
```

[예제] REPLACE 함수 : REPLACE('FATHER', 'FA', 'MO')는 FATHER에서 FA 문자를 MO로 치환하여 MOTHER를 표시한다.

```
SELECT REPLACE('FATHER','FA','MO')
FROM dual;

REPLAC
-------
MOTHER
```

[예제] CONCAT(SUBSTR(INITCAP)) 함수 중첩 : employees 테이블에서 last_name과 hire_date를 활용하여 USERID로 사용할 내용을 표시한다. 함수는 INITCAP -> SUBSTR -> REPLACE -> CONCAT 순으로 적용된다. INITCAP(last_name)은 last_name의 첫 글자는 대문자, 나머지는 소문자로 바꾼다. SUBSTR(Last_name, 1, 3)은 처음 3글자를 추출한다. REPLACE(hire_date,'-')는 hire_date에서 '-'를 제거하여 21-JUN-07 형식을 21JUN07 형식으로 바꾼다. 마지막으로 CONCAT(처음 3글자, 21JUN07 형식)은 두 인수를 결합하여 결과를 만든다.

```
SELECT CONCAT(SUBSTR(INITCAP(last_name), 1, 3),
       REPLACE(hire_date,'-')) "USERID"
FROM employees;

USERID
----------
Oco21JUN07
Gra13JAN08
...
107 rows selected.
```

3.5 숫자 함수

숫자 함수는 인수로 숫자 데이터를 받아들이고 숫자 값을 반환한다.

- ROUND : 컬럼 또는 표현식을 지정한 자리로 반올림한다.
- TRUNC : 컬럼 또는 표현식을 지정한 자리로 버림한다.
- MOD : 컬럼 또는 표현식을 나눈 나머지를 반환한다.
- POWER : 컬럼 또는 표현식을 거듭제곱한다.

[예제] ROUND 함수 : ROUND(454.545, 2)는 454.545를 소숫점 두 번째 자리로 반올림하고, ROUND(454.545, 1)은 454.545를 소숫점 첫 번째 자리로 반올림하고, ROUND(454.545, 0)은 454.545를 일의 자리로 반올림하고, ROUND(454.545, -1)은 454.545를 십의 자리로 반올림한다.

```
SELECT ROUND(454.545, 2), ROUND(454.545, 1),
       ROUND(454.545, 0), ROUND(454.545, -1)
FROM dual;

ROUND(454.545,2) ROUND(454.545,1) ROUND(454.545,0) ROUND(454.545,-1)
---------------- ---------------- ---------------- -----------------
          454.55            454.5              455               450
```

[예제] TRUNC 함수 : TRUNC(454.545, 2)는 454.545를 소숫점 두 번째 자리 밑으로 버림하고, TRUNC(454.545, 1)은 454.545를 소숫점 첫 번째 자리 밑으로 버림하고, TRUNC(454.545, 0)은 454.545를 일의 자리 밑으로 버림하고, TRUNC(454.545, -1)은 454.545를 십의 자리 밑으로 버림한다.

```
SELECT TRUNC(454.545, 2), TRUNC(454.545, 1),
       TRUNC(454.545, 0), TRUNC(454.545, -1)
FROM dual;

TRUNC(454.545,2) TRUNC(454.545,1) TRUNC(454.545,0) TRUNC(454.545,-1)
---------------- ---------------- ---------------- -----------------
          454.54            454.5              454               450
```

[예제] TRUNC(ROUND) 함수 중첩 : ROUND -> TRUNC 순으로 함수가 적용된다. ROUND(155.00, -1)는 십의 자리로 반올림하여 160이고, TRUNC(160)은

소수를 버림하여 그대로 160이 된다.

```
SELECT TRUNC(ROUND(155.00, -1))
FROM dual;

TRUNC(ROUND(155.00,-1))
-----------------------
                    160
```

[예제] MOD 함수 : MOD(10, 3)는 10을 3으로 나눈 나머지를 표시한다.

```
SELECT MOD(10, 3)
FROM dual;

MOD(10,3)
---------
        1
```

[예제] POWER 함수 : POWER(5,2)는 5의 거듭제곱을 표시한다.

```
SELECT POWER(5,2)
FROM dual;

POWER(5,2)
----------
        25
```

3.6 날짜 연산

- 오라클 데이터베이스는 날짜를 세기, 년, 월, 일, 시, 분, 초로 나타내는 내부 숫자 형식으로 저장한다.
- 기본 날짜 형식은 DD-MON-RR이다(예: 09-JUL-14(2014년 7월 9일)).
- SYSDATE는 데이터베이스 서버의 현재 날짜 및 시간을 반환하는 날짜 함수이다.
- 날짜에 산술 연산자를 사용하여 다음과 같이 계산을 수행할 수 있다.
  - 날짜 + 숫자 : 날짜에 일 수를 더한 날짜를 나타낸다.

- 날짜 – 숫자 : 날짜에서 일 수를 뺀 날짜를 나타낸다.
- 날짜 – 날짜 : 날짜에서 날짜를 뺀 일 수를 숫자로 나타낸다.
- 날짜 + 숫자/24 : 날짜에 몇 시간을 더한 날짜를 나타낸다.

[예제] SYSDATE 함수 : SYSDATE를 사용하여 데이터베이스 서버의 현재 날짜를 표시한다.

```
SELECT SYSDATE
FROM dual;

SYSDATE
----------
09-JUL-14
```

[예제] 날짜 + 숫자 : 현재 날짜(SYSDATE)에 7일을 더한 날짜를 표시한다.

```
SELECT SYSDATE + 7
FROM dual;

SYSDATE+7
----------
16-JUL-14
```

[예제] 날짜 – 숫자 : 현재 날짜(SYSDATE)에서 7일을 뺀 날짜를 표시한다.

```
SELECT SYSDATE - 7
FROM dual;

SYSDATE-7
----------
02-JUL-14
```

[예제] 날짜 – 날짜 : 현재 날짜(SYSDATE)에서 hire_date를 빼서 근무한 일 수를 숫자로 표시한다.

```
SELECT SYSDATE - hire_date
FROM employees
WHERE employee_id = 100;
```

```
SYSDATE-HIRE_DATE
-----------------
       4040.54257
```

[예제] 날짜 + 숫자/24 : 현재 날짜(SYSDATE)에 10시간을 더한 날짜를 표시한다.

```
SELECT SYSDATE + 10/24
FROM dual;

SYSDATE+1
---------
09-JUL-14
```

3.7 날짜 함수

날짜 함수는 인수로 날짜 데이터를 받아 들이고, 날짜 유형의 값을 반환한다. 예외적으로 MONTHS_BETWEEN은 숫자 값을 반환한다.

- MONTHS_BETWEEN : 첫 번째 날짜에서 두 번째 날짜를 뺀 월 수를 숫자로 나타낸다.
- ADD_MONTHS : 날짜 값에 지정한 월 수를 더한 날짜를 나타낸다.
- NEXT_DAY : 날짜 값에 지정한 요일의 다가오는 날짜를 나타낸다.
- LAST_DAY : 날짜 값에 해당하는 월의 마지막 날짜를 나타낸다.
- ROUND : 날짜 값을 지정한 단위로 반올림한 날짜를 나타낸다.
- TRUNC : 날짜 값을 지정한 단위로 버림한 날짜를 나타낸다.

[예제] MONTHS_BETWEEN 함수 : MONTHS_BETWEEN(SYSDATE, hire_date)는 현재 날짜(SYSDATE)에서 hire_date를 빼서 근무한 월 수를 숫자로 표시한다.

```
SELECT MONTHS_BETWEEN(SYSDATE, hire_date)
FROM employees
WHERE employee_id = 100;

MONTHS_BETWEEN(SYSDATE,HIRE_DATE)
---------------------------------
                        132.75965
```

[예제] ADD_MONTHS 함수 : ADD_MONTHS(hire_date, 6)은 hire_date에 6개월을 더한 날짜를 표시한다.

```
SELECT ADD_MONTHS(hire_date,6)
FROM employees
WHERE employee_id = 100;

ADD_MONTH
----------
17-DEC-03
```

[예제] NEXT_DAY 함수 : NEXT_DAY(SYSDATE, 'FRIDAY')는 현재 날짜(SYSDATE) 기준으로 다음 금요일을 표시한다. SYSDATE는 09-JUL-14(2014년 7월 9일 수요일)이다.

```
SELECT NEXT_DAY(SYSDATE,'FRIDAY')
FROM dual;

NEXT_DAY(SYSDATE,'FRIDAY')
--------------------------
11-JUL-14
```

[예제] LAST_DAY 함수 : LAST_DAY(SYSDATE)는 현재 날짜(SYSDATE)의 해당 월 말일을 표시한다. SYSDATE는 09-JUL-14(2014년 7월 9일)이다.

```
SELECT LAST_DAY(SYSDATE)
FROM dual;

LAST_DAY(SYSDATE)
-----------------
31-JUL-14
```

[예제] ROUND 함수 : 현재 날짜(SYSDATE) 기준으로 각각 년(ROUND(SYSDATE, 'YEAR')), 월(ROUND(SYSDATE, 'MONTH')), 일(ROUND(SYSDATE))로 반올림한 날짜를 표시한다. SYSDATE는 09-JUL-14(2014년 7월 9일)이다.

```
SELECT ROUND(SYSDATE, 'YEAR') Y, ROUND(SYSDATE, 'MONTH') M,
       ROUND(SYSDATE) D
FROM dual;
```

```
Y            M            D
-----------  -----------  -----------
01-JAN-15    01-JUL-14    09-JUL-14
```

[예제] TRUNC 함수 : 현재 날짜(SYSDATE) 기준으로 각각 년(TRUNC(SYSDATE, 'YEAR')), 월(TRUNC(SYSDATE, 'MONTH')), 일(TRUNC(SYSDATE)) 밑으로 버린 날짜를 표시한다. SYSDATE는 09-JUL-14(2014년 7월 9일)이다.

```
SELECT TRUNC(SYSDATE, 'YEAR') Y, TRUNC(SYSDATE, 'MONTH') M,
       TRUNC(SYSDATE) D
FROM dual;
```

```
Y            M            D
-----------  -----------  -----------
01-JAN-14    01-JUL-14    09-JUL-14
```

【 학습 내용 및 출제 범위 】

- 데이터 유형 변환
- 변환 함수
- NULL 관련 함수
- CASE 표현식과 DECODE 함수

4

변환 함수 및 조건부 표현식

4.1 암시적 데이터 유형 변환

Oracle 서버는 표현식에서 자동으로 데이터 유형 변환을 수행한다.

- 문자 유형 → 숫자 유형
- 문자 유형 → 날짜 유형
- 숫자 유형 → 문자 유형
- 날짜 유형 → 문자 유형

[예제] 암시적 데이터 유형 변환

[1] 문자 유형 '1000'이 숫자 유형으로 변환되어 salary에 1000을 더한 결과를 표시한다.

[2] 문자 유형 '5000'이 숫자 유형으로 변환되어 salary가 5000 보다 큰 salary를 표시한다.

[예제 1] 문자 '1000'에서 숫자 1000으로 자동 변환
```
SELECT salary + '1000' FROM employees;

SALARY+'1000'
-------------
         3600
...
107 rows selected.
```

[예제 2] 문자 '5000'에서 숫자 5000으로 자동 변환

```
SELECT salary FROM employees WHERE salary > '5000';

SALARY
------
 13000
...
58 rows selected.
```

[예제] 암시적 데이터 유형 변환 : 문자 유형 '14-JANUARY-07'이 날짜 유형으로 변환되어, hire_date가 14-JANUARY-07인 last_name과 hire_date를 표시한다.

```
SELECT last_name, hire_date FROM employees
WHERE hire_date='14-JANUARY-07';

LAST_NAME          HIRE_DATE
---------------    ---------
Landry             14-JAN-07
```

[예제] 암시적 데이터 유형 변환 : 현재 환경의 날짜 유형을 14-JAN-07(DD-MON-RR)이라고 가정하면, '14-01-07'(DD-MM-RR)은 호환 가능하지 않기 때문에, 암시적 변환이 되지 않아 에러가 발생한다. DD-MM-RR 환경이거나 명시적 변환 함수를 사용하면 가능하다.

```
SELECT * FROM employees WHERE hire_date='14-01-07';

ERROR at line 1:
ORA-01843: not a valid month
```

[예제] 암시적 데이터 유형 변환 : 문자 'A'는 숫자 유형으로 암시적 변환이 불가능하므로 employee_id + 'A'는 에러를 발생시킨다.

```
SELECT employee_id + 'A' FROM employees;

ERROR at line 1:
ORA-01722: invalid number
```

4.2 명시적 데이터 유형 변환

명시적 데이터 유형 변환은 변환 함수를 사용하여 수행한다.

- TO_CHAR : 날짜나 숫자를 문자 유형으로 변환한다.
- TO_NUMBER : 문자를 숫자 유형으로 변환한다.
- TO_DATE : 문자를 날짜 유형으로 변환한다.

4.3 날짜 형식 모델

- CC : 숫자로 세기 표시(예: 21)
- SCC : 숫자로 세기 표시(기원전은 음수로 표시)(예: 21)
- BC 또는 AD : 기원전(BC), 서기(AD) 표시(예: AD)
- YYYY : 숫자로 년도 표시(예: 2015)
- YEAR : 영어 철자로 년도 표시(예: TWENTY FIFTEEN)
- MONTH : 월 이름 표시(예: JANUARY)
- MON : 축약된 월 이름 표시(예: JAN)
- MM : 숫자로 월 표시(예: 01)
- DD : 숫자로 일 표시(예: 10)
- DAY : 문자로 요일 이름 표시(예: SATURDAY)
- DY : 문자로 축약된 요일 이름 표시(예: SAT)
- D : 숫자로 요일 순서 표시(예: 1(일요일),···, 7(토요일))
- HH 또는 HH12 : 12시간제 표시(예: 11)
- HH24 : 24시간제 표시(예: 23)
- MI : 분 표시(예: 59)
- SS : 초 표시(예: 59)
- SSSSS : 자정 이후의 초 표시(예: 86399)
- AM 또는 PM : 오전(AM), 오후(PM) 표시(예: PM)

4.4 숫자 형식 모델

- 9 : 자릿수 만큼 유효 숫자 표시(예: 1234)
- 0 : 자릿수 만큼 유효 숫자와 0 표시(예: 01234)

- $: 달러 기호 표시(예: $1234)
- L : 지역 통화 표시(예: ₩1234)
- G 또는 ,(쉼표) : 천자리 구분자
- D 또는 .(마침표) : 소수점 구분자

[예제] TO_CHAR 함수 : TO_CHAR(1234.56,'$99G999D00')은 1234.56 숫자를 '$1,234.56' 형식의 문자로 표시한다. G는 천자리 구분자, D는 소숫점을 나타낸다.

[예제 1]

```
SELECT TO_CHAR(1234.56, '$99G999D00')
FROM dual;

TO_CHAR(123
-----------
  $1,234.56
```

[예제 2]

```
SELECT TO_CHAR(1234.56, '$0G000D00')
FROM dual;

TO_CHAR(123
-----------
  $1,234.56
```

[예제 3]

```
SELECT TO_CHAR(1234.56, '$99G999D99')
FROM dual;

TO_CHAR(123
-----------
  $1,234.56
```

[예제] TO_CHAR 함수 : TO_CHAR(1234.56,'$9,999V99')는 1234.56에 10의 2승을 곱하고(V99) '$1,23456' 형식의 문자로 표시한다

```
SELECT TO_CHAR(1234.56, '$9,999V99')
FROM DUAL;
```

```
TO_CHAR(1
---------
$1,23456
```

[예제] TO_CHAR 함수 : TO_CHAR(SYSDATE, 'YYYY-MM-DD')는 현재 날짜(SYSDATE)를 기본 날짜 형식(DD-MON-RR)과 다른 'YYYY-MM-DD' 형식으로 표시한다.

```
SELECT TO_CHAR(SYSDATE, 'YYYY-MM-DD')
FROM dual;

TO_CHAR(SY
----------
2014-07-09
```

[예제] TO_CHAR 함수 : 구분자 요소 'G', 'D'와 구분자 요소 ',' (쉼표), '.'(마침표)는 함께 사용하지 못한다.

```
SELECT TO_CHAR(1234.56, '$9,999D99')
FROM dual;

ERROR at line 1:
ORA-01481: invalid number format model
```

[예제] TO_DATE, TO_CHAR 함수 : DD-MON-RR 형식을 사용하는 환경에서 2009년 1월 1일부터 현재까지의 일수를 표시한다. [예제 1]과 [예제 2]는 잘 실행되지만 나머지는 데이터 유형 변환이 잘못되어 에러가 발생한다.

[예제 1] DD-MON-RR과 호환 가능

```
SELECT SYSDATE - TO_DATE('01/JANUARY/2009') FROM DUAL;

SYSDATE-TO_DATE('01/JANUARY/2009')
----------------------------------
                        2015.66352
```

[예제 2] DD-MON-RR과 호환 가능

```
SELECT SYSDATE - TO_DATE('01-JANUARY-2009') FROM DUAL;
```

```
SYSDATE-TO_DATE('01-JANUARY-2009')
-----------------------------------
                        2015.66388
```

[예제 3] DD-MON-RR과 호환 불가능

```
SELECT SYSDATE - '01-JAN-2009' FROM DUAL;

ERROR at line 1:
ORA-01722: invalid number
```

[예제 4] DD-MON-RR과 호환 불가능

```
SELECT TO_CHAR(SYSDATE, 'DD-MON-YYYY') - '01-JAN-2009' FROM DUAL;

ERROR at line 1:
ORA-01722: invalid number
```

[예제 5] DD-MON-RR과 호환 불가능

```
SELECT TO_DATE(SYSDATE, 'DD/MONTH/YYYY') - '01/JANUARY/2009' FROM DUAL;

ERROR at line 1:
ORA-01722: invalid number
```

[예제] TO_CHAR, TO_DATE 함수 : 날짜 값을 비교하기 위해 TO_CHAR, TO_DATE 함수를 사용한다.

[1] TO_CHAR(hire_date, 'yyyy')는 hire_date에서 년도(yyyy)를 문자로 변환 후 '2000' 보다 큰 값과 비교한다. 즉, '2000' 보다 큰 년도에 입사한 사원의 salary에 100을 더해서 변경한다.

[2] TO_CHAR(hire_date, 'mon dd yy')는 hire_date를 'mon dd yy' 형식의 문자로 변환 후 'jun 21 07' 문자와 비교한다. 즉, hire_date가 2007년 6월 21일인 사원의 hire_date를 표시한다.

[3] TO_DATE(SUBSTR('13-JAN-2001', 8))에서 SUBSTR('13-JAN-2001', 8)은 '2001'이고, TO_DATE('2001')에서는 에러가 발생한다.

[4] TO_DATE('JUN 21 07'), TO_DATE('JUL 21 07')는 기본 날짜 형식(DD-MON-RR)과 호환되지 않아 에러가 발생한다.

[예제 1] TO_CHAR(날짜)를 문자로 변경

```
UPDATE employees
SET salary = salary + 100
WHERE TO_CHAR(hire_date, 'yyyy') > '2000';

107 rows updated.
```

[예제 2] TO_CHAR(날짜)를 문자로 변환

```
SELECT hire_date
FROM employees
WHERE TO_CHAR(hire_date, 'mon dd yy')='jun 21 07';

HIRE_DATE
---------
21-JUN-07
21-JUN-07
```

[예제 3] TO_DATE(SUBSTR('13-JAN-2001', 8)) 변환 불가능

```
UPDATE employees
SET salary = salary + 100
WHERE hire_date > TO_DATE(SUBSTR('13-JAN-2001', 8));

ERROR at line 3:
ORA-01861: literal does not match format string
```

[예제 4] TO_DATE('JUN 21 07') 변환 불가능

```
SELECT TO_CHAR(hire_date, 'dd/month')
FROM employees
WHERE hire_date IN (TO_DATE('JUN 21 07'), TO_DATE('JUL 21 07'));

ERROR at line 3:
ORA-01858: a non-numeric character was found where a numeric was
expected
```

[예제] TO_CHAR 함수

[1] TO_CHAR(hire_date, 'Day')는 hire_date를 문자로 변환 후, 요일을 Thursday 형식으로 표시하고, TO_CHAR(hire_date, 'Month')는 월을 June 형식으로 표시하고, TO_CHAR(hire_date, 'DD, YYYY')는 일과 년을 21, 2007 형식으로 표시한다. 이와 같이 변환된 결과들을 연결 연산자(||)로 결합하여 Thursday, June 21, 2007 형

식과 같이 표시한다.

[2] [1]과 같은 형식으로 표시되는데, 각 TO_CHAR에 FM 요소를 사용하여 공백을 제거했다.

[3] [1]과 같은 형식으로 표시되는데, TRIM 함수를 추가적으로 사용하여 공백을 제거했다.

[예제1] 공백 포함

```
SELECT last_name, TO_CHAR(hire_date, 'Day')|| ', ' ||
       TO_CHAR(hire_date, 'Month')|| ' '||
       TO_CHAR(hire_date, 'DD, YYYY') AS last_day
FROM employees;

LAST_NAME              LAST_DAY
--------------------   ------------------------
OConnell               Thursday , June   21, 2007
Grant                  Sunday   , January 13, 2008
...
107 rows selected.
```

[예제2] 공백 제거 위해 FM 요소

```
SELECT last_name, TO_CHAR(hire_date, 'fmDay')|| ', ' ||
       TO_CHAR(hire_date, 'fmMonth')|| ' '||
       TO_CHAR(hire_date, 'fmDD, YYYY') AS last_day
FROM employees;

LAST_NAME              LAST_DAY
--------------------   ------------------------
OConnell               Thursday, June 21, 2007
Grant                  Sunday, January 13, 2008
...
107 rows selected.
```

[예제3] 공백 제거 위해 TRIM 함수

```
SELECT last_name, TRIM(TO_CHAR(hire_date, 'Day'))|| ', ' ||
       TRIM(TO_CHAR(hire_date, 'Month'))|| ' '||
       TRIM(TO_CHAR(hire_date, 'DD, YYYY')) AS last_day
FROM employees;
```

```
LAST_NAME            LAST_DAY
------------------   ------------------------
OConnell             Thursday, June 21, 2007
Grant                Sunday, January 13, 2008
...
107 rows selected.
```

[예제] 암시적 변환과 명시적 변환

[1] col1 = '12345'에서 col1 컬럼은 숫자 유형이고 '12345'는 문자 유형이다. '12345'가 숫자 유형으로 암시적 변환되어 col1 = 12345와 같이 실행된다.

[2] col2 = '03-01-2014'에서 col2 컬럼은 날짜 유형이고 '03-01-2014'는 문자 유형이다. '03-01-2014'는 기본 날짜 형식(DD-MON-RR)과 호환되지 않아 암시적 유형 변환이 되지 않는다.

[3] CONCAT(col3, col2)에서 col3 컬럼은 숫자 유형이고 col2는 날짜 유형이다. 모두 문자 형식으로 변환되어 표시된다.

[4] col2 = '03-january-2014'에서 col2 컬럼은 날짜 유형이고 '03-january-2014'는 문자 유형이다. '03-january-2014'는 기본 날짜 형식(DD-MON-RR)과 호환되므로, 암시적으로 유형 변환되어 실행된다.

[5] col3 BETWEEN '101' AND '110'에서 col3 컬럼은 숫자 유형이고 '101', '110'은 문자 유형이다. '101', '110'이 숫자 유형으로 암시적 변환되어 col3 BETWEEN 101 AND 110과 같이 실행된다.

```
CREATE TABLE con_test
(col1 NUMBER, col2 DATE, col3 NUMBER);

INSERT INTO con_test
VALUES(12345, TO_DATE('03-JAN-14'), 105);
```

[예제 1] 암시적 변환 가능

```
SELECT * FROM con_test
WHERE col1 = '12345';
```

```
    COL1      COL2          COL3
---------- ---------    -------
    12345   03-JAN-14      105
```

[예제 2] 암시적 변환 불가능

```
SELECT * FROM con_test
WHERE col2 = '03-01-2014';

ERROR at line 2:
ORA-01843: not a valid month
```

[예제 3] 암시적 변환 가능

```
SELECT CONCAT(col3, col2)
FROM con_test;

CONCAT(COL3,COL2)
-----------------
10503-JAN-14
```

[예제 4] 암시적 변환 가능

```
SELECT * FROM con_test
WHERE col2 = '03-january-2014';

    COL1      COL2          COL3
---------- ---------    -------
    12345   03-JAN-14      105
```

[예제 5] 암시적 변환 가능

```
SELECT * FROM con_test
WHERE col3 BETWEEN '101' AND '110';

    COL1      COL2          COL3
---------- ---------    -------
    12345   03-JAN-14      105
```

[예제] TO_CHAR(TO_DATE) 함수 중첩 : TO_DATE('11-Jan-2014')가 먼저 실행되어 문자 유형 '11-Jan-2014'를 날짜 유형으로 변환한 후, TO_CHAR가 적용되어 공백없이(fm) Eleventh of January, Twenty Fourteen으로 표시한다.

```
SELECT TO_CHAR(TO_DATE('11-Jan-2014'), 'fmDdthsp "of" Month, Year')
FROM DUAL;

TO_CHAR(TO_DATE('11-JAN-2014'), 'FMDD
------------------------------------------
Eleventh of January, Twenty Fourteen
```

[예제] TO_CHAR(TO_DATE) 함수 중첩 : TO_DATE('19-Mar-2014', 'DD-Mon-YYYY')가 먼저 적용되어 문자 '19-Mar-2014'를 'DD-Mon-YYYY' 형식의 날짜로 변환한 후, TO_CHAR가 적용되어 공백없이(fm) Nineteenth of March 2014 12:00:00 AM으로 표시한다.

```
SELECT TO_CHAR(TO_DATE('19-Mar-2014', 'DD-Mon-YYYY'),
        'fmDdspth "of" Month YYYY fmHH:MI:SS AM') GOOD_DATE
FROM dual;

GOOD_DATE
------------------------------------
Nineteenth of March 2014 12:00:00 AM
```

[예제] TO_CHAR(NEXT_DAY(LAST_DAY)) 함수 중첩 : LAST_DAY(SYSDATE)가 먼저 적용되어 현재 날짜의 해당 월 말일을 출력하고, 다음은 NEXT_DAY(말일,'SUN')가 적용되어 다음 일요일을 출력하고, 마지막으로 TO_CHAR에서 dd + 리터럴 "is the first Sunday for" + 공백 제거(fm) month rrrr 형식의 문자로 표시한다.

```
SELECT TO_CHAR(NEXT_DAY(LAST_DAY(SYSDATE), 'SUN'),
        'dd "is the first Sunday for" fmmonth rrrr')
FROM DUAL;

TO_CHAR(NEXT_DAY(LAST_DAY(SYSDATE), 'SUN'), 'DD
-----------------------------------------------
03 is the first Sunday for august 2014
```

[예제] TO_CHAR(TO_NUMBER) 함수 중첩 : TO_NUMBER('$36,509.75', '$99,999.99')가 먼저 적용되어 문자 '$36,509.75'를 숫자 36509.75 형식으로 변환하고 .25

를 곱한 후, TO_CHAR를 사용하여 $9,127.44 형식으로 표시한다.

```
SELECT TO_CHAR(TO_NUMBER('$36,509.75', '$99,999.99') * .25, '$99,999.00')
FROM DUAL;

TO_CHAR(TO_
------------
$9,127.44
```

4.5 NULL 관련 함수

- NVL : NULL 값을 지정한 값으로 변환한다. 모든 표현식은 동일한 데이터 유형이어야 한다.
- NVL2 : 첫 번째 인수에 값이 있으면 두 번째 값을 반환하고, 첫 번째 인수가 NULL이면 세 번째 인수를 반환한다.
- NULLIF : 두 인수를 비교하여 값이 같으면 NULL, 같지 않으면 첫 번째 인수를 반환한다.
- COALESCE : NVL의 무한 확장으로, NULL이 아닌 인수의 값을 반환한다. 모든 표현식은 동일한 데이터 유형이어야 한다.

[예제] NVL 함수와 함수 중첩 : commission_pct가 있으면 그 값을, 널이면 Not Available로 표시한다. NVL 함수의 인수는 데이터 유형이 같아야 하는데, commission_pct는 숫자 유형이고, 'Not Available'은 문자 유형이므로 TO_CHAR를 사용하여 commission_pct를 문자로 변환한다.

```
SELECT NVL(TO_CHAR(commission_pct), 'Not Available') COMM
FROM employees
WHERE employee_id = 100;

COMM
--------------
Not Available
```

[예제] NVL과 함수 중첩

[1] ADD_MONTHS(hire_date,1)가 먼저 적용되어 hire_date에 1개월을 더하고,

NVL(날짜, SYSDATE)는 두 인수의 데이터 유형이 날짜이고, 날짜 값이 있으므로 그 값을 표시한다.

[2] MONTHS_BETWEEN(SYSDATE, hire_date)가 먼저 적용되어, 현재 날짜에서 hire_date를 뺀 월수를 출력하고, NVL(월수, 'Working')은 두 인수의 데이터 유형이 숫자와 문자로 다르므로 에러가 발생한다.

[3] MONTHS_BETWEEN(SYSDATE, hire_date)가 먼저 적용되어, 현재 날짜에서 hire_date를 뺀 월수를 출력하고, TO_CHAR(월수)는 월수를 문자로 변환하고, NVL('월수', 'Working')은 두 인수의 데이터 유형이 문자로 같고, '월수' 값이 있으므로 그 값을 표시한다.

[4] NVL(SYSDATE - hire_date, SYSDATE)에서 첫 번째 인수는 SYSDATE - hire_date = 4042.41883(근무 일수) 숫자이고 두 번째 인수는 날짜인데, 암시적 유형 변환되고, 근무 일수 값이 있으므로 그 값이 출력된다. 그러나 TO_DATE (4042.41883)는 처리될 수 없으므로 에러가 발생한다.

[예제 1] NVL 인수 데이터 유형 일치

```
SELECT NVL(ADD_MONTHS(hire_date, 1), SYSDATE)
FROM employees
WHERE employee_id = 100;

NVL(ADD_M
---------
17-JUL-03
```

[예제 2] NVL 인수 데이터 유형 불일치

```
SELECT NVL(MONTHS_BETWEEN(SYSDATE, hire_date), 'Working')
FROM employees
WHERE employee_id = 100;

ERROR at line 1:
ORA-01722: invalid number
```

[예제 3] NVL 인수 데이터 유형 일치

```
SELECT NVL(TO_CHAR(MONTHS_BETWEEN(SYSDATE, hire_date)), 'Working')
FROM employees
WHERE employee_id = 100;
```

```
NVL(TO_CHAR(MONTHS_BETWEEN(SYSDATE, HIRE_
------------------------------------------
132.819812574671445639187574671445639188
```

[예제 4] TO_DATE(숫자) 처리 불가 에러 발생

```
SELECT TO_DATE(NVL(SYSDATE - hire_date, SYSDATE))
FROM employees
WHERE employee_id = 100;

ERROR at line 1:
ORA-01847: day of month must be between 1 and last day of month
```

[예제] TO_CHAR와 NVL 함수 : 오전 12시 이전에 입사한 사원의 이름과 입사 년월일 및 시간 그리고 급여를 표시한다. 급여가 없으면 0으로 표시한다. TO_CHAR(hire_date, 'dd-mon-yyyy hh24:mi:ss')는 hire_date를 21-jun-2007 00:00:00 형식으로 표시하고, NVL(TO_CHAR(salary, '$99999999D99'), 0)에서 TO_CHAR(salary, '$99999999D99')가 먼저 적용되어 salary를 $2600.00 형식으로 표시한 후, NVL($2600.00, 0)은 두 인수가 문자와 숫자로 데이터 유형이 다르지만 암시적으로 변환되고, 첫 인수에 값이 있으면 그 값을, 없으면 0을 표시한다. TO_CHAR(hire_date, 'hh24')는 hire_date를 24시간 형식의 문자로 변환한다.

```
SELECT last_name, TO_CHAR(hire_date, 'dd-mon-yyyy hh24:mi:ss'),
       NVL(TO_CHAR(salary, '$99999999D99'), 0)
FROM employees
WHERE TO_CHAR(hire_date, 'hh24') < 12;

LAST_NAME           TO_CHAR(HIRE_DATE,'D    NVL(TO_CHAR(S
--------------      --------------------    --------------
OConnell            21-jun-2007 00:00:00    $2600.00
...
107 rows selected.
```

4.6 NVL2 함수의 데이터 유형 변환

- 첫 번째 인수는 모든 데이터 유형을 가질 수 있다.
- 두 번째 인수와 세 번째 인수는 LONG을 제외하고 모든 데이터 유형을 가질 수

있다.
- 두 번째 인수와 세 번째 인수의 데이터 유형이 다르면, 오라클 데이터베이스는 암시적으로 다른 하나를 변환한다. 암시적으로 변환할 수 없는 경우, 에러를 반환한다.
- 두 번째 인수가 문자 또는 숫자 데이터인 경우 다음과 같이 내재된 변환이 구현된다.
  - 두 번째 인수가 문자 데이터인 경우 : 오라클 데이터베이스는 세 번째 인수가 널(null)이 아니면 두 번째 인수의 데이터 유형으로 세 번째 인수를 변환한다.
  - 두 번째 인수가 숫자 데이터인 경우 : 세 번째 인수를 숫자 데이터 유형으로 변환한다.

[예제] NVL2 함수 데이터 유형 변환

[1] employees 테이블에서 commission_pct가 있으면 Sales를, 없으면 Not Sales를 표시한다. NVL2(commission_pct, 'Sales', 'Not Sales')에서 두 번째와 세 번째 인수가 모두 문자이므로 유형 변환이 없다.

[2] employees 테이블에서 commission_pct가 있으면 근무 일수(sysdate-hire_date)를, 없으면 현재 날짜(sysdate)를 표시한다. NVL2(commissio n_pct, sysdate-hire_date, sysdate)에 두 번째 인수는 숫자이고 세 번째 인수는 날짜여서 암시적인 유형 변환이 발생한다.

[3] NVL2(commission_pct, sysdate, 'Not Available')에서 두 번째 유형은 날짜이고 세 번째 유형은 문자인데 암시적 유형 변환이 불가능하여 에러가 발생한다.

[4] NVL2(commission_pct, salary*.25, 'Not Available')에서 두 번째 유형은 숫자이고 세 번째 유형은 문자인데 암시적 유형 변환이 불가능하여 에러가 발생한다.

[예제 1] 데이터 유형 변환 없음
```
SELECT last_name, NVL2(commission_pct, 'Sales', 'Not Sales')
FROM employees;
```

```
LAST_NAME              NVL2(COMM
---------------------  ---------------
OConnell               Not Sales
...
Russell                Sales
...
107 rows selected.
```

[예제 2] 암시적 데이터 유형 변환

```
SELECT last_name, NVL2(commission_pct, sysdate-hire_date, sysdate)
FROM employees;

LAST_NAME        NVL2(COMMISSION_PCT,SYSDATE-HIRE_DATE,SYSDATE)
---------------  ----------------------------------------------
OConnell                                              2456850.46
...
Russell                                               3570.45667
...
107 rows selected.
```

[예제 3] 암시적 데이터 유형 변환 불가능

```
SELECT last_name, NVL2(commission_pct, sysdate, 'Not Available')
FROM employees;

ERROR at line 1:
ORA-01858: a non-numeric character was found where a numeric was
expected
```

[예제 4] 암시적 데이터 유형 변환 불가능

```
SELECT last_name, NVL2(commission_pct, salary*.25, 'Not Available')
FROM employees;

ERROR at line 1:
ORA-01722: invalid number
```

[예제] NVL과 NVL2 함수 비교 : 다음 예제는 두 함수 모두 성공적으로 실행되지만 서로 다른 실행 결과를 보여준다.

[1] employees 테이블에서 hire_date가 있으면 그 값을, 없으면 hire_date + 7을 표시한다. NVL(hire_date, hire_date + 7)에서 hire_date에 값이 있으므로 hire_date가 표시된다.

[2] employees 테이블에서 hire_date가 있으면 hire_date + 7을, 없으면 공백(' ')을 표시한다. NVL2(hire_date, hire_date + 7, ' ')에서 hire_date에 값이 있으므로 hire_date + 7이 표시된다.

[예제 1] NVL 함수 사용

```
SELECT employee_id, NVL(hire_date, hire_date + 7)
FROM employees
WHERE employee_id = 100;

EMPLOYEE_ID NVL(HIRE_
----------- ---------
        100 17-JUN-03
```

[예제 2] NVL2 함수 사용

```
SELECT employee_id, NVL2(hire_date, hire_date + 7, '')
FROM employees
WHERE employee_id = 100;

EMPLOYEE_ID NVL2(HIRE
----------- ---------
        100 24-JUN-03
```

[예제] NVL2(NULLIF) 함수 중첩 : employees 테이블에서 first_name과 last_name이 같은 사원은 보너스 5000을 표시한다. NULLIF(first_name, last_name)이 먼저 적용되어 첫 번째 인수와 두 번째 인수가 같으면 널, 같지 않으면 첫 번째 인수를 반환하고, NVL2(NULLIF 결과, 0, 5000)은 NULLIF 결과가 값이 있으면 0, 널이면 5000을 표시한다.

```
SELECT employee_id, NVL2(NULLIF(first_name, last_name), 0, 5000) "BONUS"
FROM employees;

EMPLOYEE_ID BONUS
----------- -----
        100     0
...
107 rows selected.
```

[예제] NULL 관련 함수 중첩 : [예제 1]과 [예제 2]에서는 항상 A 컬럼의 값이 표시

되지만, [예제3]과 [예제 4]에서는 그렇지 않다.

[1] COALESCE(a, b)가 먼저 적용되어 a 컬럼에 모두 값이 있으므로 a 컬럼 값이 반환되고, NVL(a, 0)에서도 a 컬럼에 모두 값이 있으므로 a 컬럼 값이 표시된다.

[2] NVL2(a, a, b)가 먼저 적용되어 a 컬럼에 모두 값이 있으므로 a 컬럼 값이 반환되고, COALESCE(a, 0)에서도 a 컬럼에 모두 값이 있으므로 a 컬럼 값이 표시된다.

[3] NULLIF(a, b)가 먼저 적용되어 a, b 컬럼 값이 같으면 널을, 같지 않으면 a 컬럼 값이 반환되고, NVL(a 또는 널, 0)에서 a 컬럼에 값이 있으면 a 컬럼 값, 널이면 0이 표시된다.

[4] COALESCE(a, b)가 먼저 적용되어 a 컬럼에 모두 값이 있으므로 a 컬럼 값이 반환되고, NVL2(a, b, 0)에서 a 컬럼에 모두 값이 있으므로 b 컬럼 값이 표시된다.

```
CREATE TABLE null_test
(a number, b number);

INSERT INTO null_test values(1000, 5000);
INSERT INTO null_test values(2000, null);
INSERT INTO null_test values(3000, 3000);

SELECT * FROM null_test;

   A     B
---- ----
1000  5000
2000
3000  3000
```

[예제 1] a 컬럼 값 표시

```
SELECT NVL(COALESCE(a, b), 0)
FROM null_test;

NVL(COALESCE(A,B),0)
--------------------
                1000
                2000
                3000
```

[예제 2] a 컬럼 값 표시

```
SELECT COALESCE(NVL2(a, a, b), 0)
FROM null_test;

COALESCE(NVL2(A,A,B),0)
-----------------------
                   1000
                   2000
                   3000
```

[예제 3] a 컬럼 값과 0 표시

```
SELECT NVL(NULLIF(a, b), 0)
FROM null_test;

NVL(NULLIF(A,B),0)
------------------
              1000
              2000
                 0
```

[예제 4] b 컬럼 값 표시

```
SELECT NVL2(COALESCE(a, b), b, 0)
FROM null_test;

NVL2(COALESCE(A,B),B,0)
-----------------------
                   5000
                   3000
```

4.7 조건부 표현식

- SQL 문에서 IF-THEN-ELSE 논리를 사용할 수 있다.
- 다음 두 가지 방법을 사용한다.
  - CASE 표현식
  - DECODE 함수

4.8 단순 CASE 표현식

> **구문**
>
> CASE expr WHEN comparison_expr THEN return_expr
>   [WHEN comparison_expr THEN return_expr
>   ...
>   ELSE else_expr]
> END

[예제] 단순 CASE 표현식 : employees 테이블에서 last_name, salary, sal_grade를 salary 순으로 표시한다. 단순 CASE 표현식을 사용하여 salary가 2100이면 'Low', 24000이면, 'High' 나머지는 'Medium'으로 표시한다.

```
SELECT last_name, salary,
       CASE salary WHEN 2100 THEN 'Low'
                   WHEN 24000 THEN 'High'
       ELSE 'Medium' END AS sal_grade
FROM employees
ORDER BY salary;

LAST_NAME          SALARY  SAL_GR
---------------    ------  ------
Olson                2100  Low
Philtanker           2200  Medium
...
King                24000  High
```

4.9 검색 CASE 표현식

> **구문**
>
> CASE WHEN condition THEN return_expr
>   [WHEN condition THEN return_expr
>   ...
>   ELSE else_expr]
> END

[예제] 검색 CASE 표현식 : employees 테이블에서 last_name, salary, sal_grade
를 salary 순으로 표시한다. 검색 CASE 표현식을 사용하여 salary가 2100
이면 'Low', 24000이면 'High', 나머지는 'Medium'으로 표시한다.

```
SELECT last_name, salary,
       CASE WHEN salary = 2100 THEN 'Low'
            WHEN salary = 24000 THEN 'High'
        ELSE 'Medium' END AS sal_grade
FROM employees
ORDER BY salary;

LAST_NAME              SALARY  SAL_GR
----------------       ------  ------
Olson                    2100  Low
Philtanker               2200  Medium
...
King                    24000  High

107 rows selected.
```

4.10 CASE 표현식의 특징

- 그룹 함수에 CASE 표현식을 사용할 수 있다.
- WHEN 절에 여러 컬럼을 조건으로 지정할 수 있다.
- 반환 값으로 널 값을 지정할 수 있다.

[예제] 그룹 함수에 CASE 표현식 사용 : employees 테이블에서 50번 부서의 급여에
따른 평균을 표시한다. AVG 함수에 CASE 표현식을 사용하여 department_
id=50이고 salary가 2000~5000 사이의 급여 평균과 5001~ 8000 사이의
급여 평균을 표시한다.

```
SELECT AVG(CASE WHEN salary BETWEEN 2000 AND 5000
                AND department_id=50 THEN salary
           ELSE null END) "SAL_5000",
       AVG(CASE WHEN salary BETWEEN 5001 AND 8000
                AND department_id=50 THEN salary
           ELSE null END) "SAL_8000"
FROM employees;
```

```
SAL_5000   SAL_8000
---------- --------
      3000     7050
```

[예제] 검색 CASE 표현식 : employees 테이블에서 hire_date가 주중이면 weekday 로, 주말이면 weekend로 표시한다. 두 예제의 결과는 각각 다르다.

[1] WHEN 절의 TRIM(TO_CHAR(hire_date, 'DAY'))에서 TO_CHAR(hire_date, 'DAY') 가 먼저 적용되어 hire_date에서 요일을 출력한 후 문자로 변환하고, TRIM ('요일') 은 다시 문자 '요일'을 반환한다. CASE 표현식에서 문자 '요일'이 문자 'SATURDAY', 'SUNDAY'면 weekend를 표시하고, 그렇지 않으면 weekday를 표시한다.

[2] WHEN 절의 TO_CHAR(hire_date, 'DAY')는 hire_date에서 요일을 출력하여 문 자로 변환한다. CASE 표현식에서 문자 '요일'이 문자 'MONDAY' ~ 'FRIDAY' 사이 면 weekday를 표시하고, 그렇지 않으면 weekend를 표시한다. 즉, BETWEEN 'M*' AND 'F*' 형식인데, BETWEEN 연산자는 작은 값이 먼저 나와야 하는데 큰 값인 'M' 이 먼저 나와 검색 결과가 없으므로 모두 weekend로 표시한다.

[예제 1] DAY 문자로 변환 후 문자 'SATURDAY', 'SUNDAY'와 비교

```
SELECT last_name,
       CASE WHEN TRIM(TO_CHAR(hire_date, 'DAY'))
              IN ('SATURDAY', 'SUNDAY')
            THEN 'weekend'
            ELSE 'weekday' END "DAYs"
FROM employees;

LAST_NAME                DAYs
-------------------      -------
OConnell                 weekday
Grant                    weekend
...
107 rows selected.
```

[예제 2] DAY 문자로 변환 후 문자 'MONDAY'~'FRIDAY' 사이를 검색하여 비교

```
SELECT last_name,
       CASE WHEN TO_CHAR(hire_date, 'DAY') BETWEEN 'MONDAY' AND 'FRIDAY'
            THEN 'weekday'
            ELSE 'weekend' END "DAYs"
FROM employees;
```

```
LAST_NAME          DAYs
-----------------  -------
OConnell           weekend
Grant              weekend
...
107 rows selected.
```

4.11 DECODE 함수

> **구문**
> DECODE(expr, search, result,
>   [search, result,
>   ...,]
>   [default])

[예제] DECODE 함수 : employees 테이블에서 last_name, salary, sal_grade를 salary 순으로 표시한다. DECODE 함수를 사용하여 salary가 2100이면 'Low', 24000이면 'High', 나머지는 'Medium'으로 표시한다.

```
SELECT last_name, salary,
       DECODE(salary, 2100, 'Low',
                      24000, 'High',
                      'Medium') AS sal_grade
FROM employees
ORDER BY salary;

LAST_NAME          SALARY  SAL_GR
-----------------  ------  ------
Olson                2100  Low
Philtanker           2200  Medium
...
King                24000  High

107 rows selected.
```

[예제] DECODE 함수

[1] NVL(commission_pct, 0)이 먼저 적용되어, commission_pct에 값이 있으면 commission_pct를, 그렇지 않으면 0을 출력하고, 다음으로 DECODE에서 commission_

pct가 commission_pct이면, 즉 commission_pct=commission_pct이면 commission_pct + 100이고, 그렇지 않으면 즉, 0이면 100을 표시한다.

[2] 바깥의 DECODE 함수에서 commission_pct가 0.1이면, 안쪽의 DECODE 함수가 적용되어 department_id가 80이면 commission_pct + 100이고 그렇지 않으면 NULL 그리고 다시 바깥의 DECODE 함수에서 commission_pct가 0.1이 아니면 NULL을 표시한다. 즉, commission_pct가 0.1이면서 department_id가 80이면 commission_pct + 100이고 그렇지 않으면 NULL을 표시한다.

[3] NULLIF(commission_pct, 0.1)이 먼저 적용되어, commission_pct와 0.1이 같으면, 즉 commission_pct=0.1이면 NULL을, 같지 않으면, 즉 0.1이 아니면 commission_pct를 표시한다. 그러므로 commission_pct 또는 널을 반환한다. 다음으로 DECODE 함수가 적용되어 반환된 값이 널이면 commission_pct + 100을, 그렇지 않으면 'N/A'를 표시해야 하는데, commission_pct + 100은 숫자이고 'N/A'는 문자여서 호환되지 않아 에러가 발생한다.

[4] 아래의 예와 같이 DECODE 함수에는 비교식을 사용할 수 없다.

[예제 1] DECODE(NVL)

```
SELECT employee_id, DECODE(NVL(commission_pct, 0), commission_pct,
       commission_pct + 100, 100) "Commission"
FROM employees;

EMPLOYEE_ID  Commission
-----------  ----------
        198         100
...
        145       100.4
...
107 rows selected.
```

[예제 2] DECODE(DECODE)

```
SELECT employee_id, DECODE(commission_pct, 0.1,
       DECODE(department_id, 80, commission_pct + 100, NULL),
         NULL) "Commission"
FROM employees;
```

```
EMPLOYEE_ID  Commission
-----------  ----------
        198
...
        164       100.1
...
107 rows selected.
```

[예제 3] DECODE(NULLIF)

```
SELECT employee_id, DECODE(NULLIF(commission_pct, 0.1), NULL,
       commission_pct + 100, 'N/A') "Commission"
FROM employees;

ERROR:
ORA-01722: invalid number
```

[예제 4] DECODE(비교식)

```
SELECT employee_id, DECODE
           (commission_pct, >0.4, 'High', <0.1, 'Low') "Commission"
FROM employees;

ERROR at line 1:
ORA-00936: missing expression
```

[예제] DECODE(NULLIF) 함수 중첩 : TO_DATE('07-JUN-02')가 먼저 적용되어 '07-JUN-02'를 날짜로 변환하고, NULLIF(hire_date, TO_DATE('07-JUN-02'))에서 hire_date가 '07-JUN-02'이면 널을, 그렇지 않으면 hire_date를 반환한다. 마지막으로 DECODE 함수가 적용되어 hire_date가 '07-JUN-02'이면 D-day로 표시한다.

```
SELECT last_name, DECODE(
       (NULLIF(hire_date, TO_DATE('07-JUN-02'))), NULL, 'D-day')
FROM employees;

LAST_NAME              DECOD
--------------------   -----
...
Mavris                 D-day
Baer                   D-day
Higgins                D-day
Gietz                  D-day
...
107 rows selected.
```

[예제] CASE 표현식과 DECODE 함수

[1] employees 테이블에서 employee_id와 근무 월수(MONTHS_BETWEEN (SYSDATE, hire_date))가 100이 넘으면 근무 월수에 20을 곱해서 표시하고, 그렇지 않으면 'N/A'로 표시한다. CASE 내에 비교 연산을 사용할 수 있다.

[2] [예제 1]과 같은 결과를 표시한다. 그러나 DECODE 함수 내에는 비교 연산을 사용할 수 없어 에러가 발생한다.

[예제 1] CASE 내의 비교 연산 - 사용 가능

```
SELECT EMPLOYEE_ID,
       CASE WHEN MONTHS_BETWEEN(SYSDATE, hire_date) > 100 THEN
       TO_CHAR((SYSDATE - hire_date)*20)
       ELSE 'N/A' END HIREDATED
FROM employees;

EMPLOYEE_ID  HIREDATED
-----------  ----------------------------------------
        198  N/A
...
        200  79087.8972222222222222222222222222222222
...
107 rows selected.
```

[예제 2] DECODE 내의 비교 연산 - 사용 불가능

```
SELECT employee_id,
       DECODE(MONTHS_BETWEEN(SYSDATE, hire_date) > 100,
       TO_CHAR((SYSDATE - hire_date)*20), 'N/A') HIREDATED
FROM employees;

ERROR at line 2:
ORA-00907: missing right parenthesis
```

[예제] COALESCE, NVL, DECODE 함수 : employees 테이블에서 last_name과 근무 일수(leave_date - hire_date)를 표시한다. leave_date가 없으면 'WORKING'으로 표시한다. 아래 예는 모두 결과가 같다.

[1] TO_CHAR(leave_date - hire_date)가 먼저 적용되어 leave_date - hire_date, 즉 근무 일수를 문자로 변환하고, COALESCE(근무 일수, 'WORKING')에서는 근무 일수 값이 있으면 그 값을, 없으면 'WORKING'으로 표시한다.

[2] TO_CHAR(leave_date - hire_date)가 먼저 적용되어 leave_date - hire_date, 즉 근무 일수를 문자로 변환하고, NVL(근무 일수, 'WORKING')에서는 근무 일수 값이 있으면 그 값을, 없으면 'WORKING'으로 표시한다.

[3] DECODE 함수가 바로 적용되어, leave_date - hire_date, 즉 근무 일수 값이 널이면 'WORKING', 그렇지 않으면 leave_date - hire_date를 표시한다.

```
ALTER TABLE employees ADD(leave_date DATE);
```

[예제 1] COALESCE 함수

```
SELECT last_name, COALESCE(
        TO_CHAR(leave_date - hire_date), 'WORKING')
FROM employees;

LAST_NAME            COALESCE(TO_CHAR(LEAVE_DATE-HIRE_DATE),'
-------------------- ----------------------------------------
OConnell             WORKING
...
107 rows selected.
```

[예제 2] NVL 함수

```
SELECT last_name, NVL(TO_CHAR(leave_date - hire_date), 'WORKING')
FROM employees;

LAST_NAME            NVL(TO_CHAR(LEAVE_DATE-HIRE_DATE),'WORKI
-------------------- ----------------------------------------
OConnell             WORKING
...
107 rows selected.
```

[예제 3] DECODE 함수

```
SELECT last_name, DECODE(leave_date - hire_date,
        NULL, 'WORKING', leave_date - hire_date)
FROM employees;

LAST_NAME            DECODE(LEAVE_DATE-HIRE_DATE,NULL,'WORKIN
-------------------- ----------------------------------------
OConnell             WORKING
...
107 rows selected.
```

```
ALTER TABLE employees DROP(leave_date);
```

【 학습 내용 및 출제 범위 】

- 그룹 함수
- GROUP BY 절
- HAVING 절
- 그룹 함수의 특징

5

그룹 함수

5.1 그룹 함수

그룹 함수는 하나 이상의 행에 작용하여 그룹 당 하나의 결과를 반환한다. 다음과 같은 유형의 그룹 함수가 있다.

- SUM : 합계값. 숫자 데이터 유형에 사용 가능하다.
- AVG : 평균값. 숫자 데이터 유형에 사용 가능하다.
- MIN : 최솟값. 숫자, 문자 및 날짜 데이터 유형에 사용 가능하다.
- MAX : 최댓값. 숫자, 문자 및 날짜 데이터 유형에 사용 가능하다.
- COUNT : 행 개수. 모든 데이터 유형이 사용 가능하다. 다음과 같은 세 가지 유형이 있다.
    - COUNT(*) : 중복 행과 널 값을 포함한다.
    - COUNT(expr) : 중복 행을 포함하고, 널 값을 제외한다.
    - COUNT(DISTINCT expr) : 중복 행 및 널 값을 제외한다.

[예제] SUM, AVG, MIN, MAX, 함수 : employees 테이블에서 salary의 합계값, 평균값, 최솟값, 최댓값을 표시한다.

```
SELECT SUM(salary), AVG(salary), MIN(salary), MAX(salary)
FROM employees;

SUM(SALARY)   AVG(SALARY)   MIN(SALARY)   MAX(SALARY)
-----------   -----------   -----------   -----------
     691416    6461.83178          2100         24000
```

[예제] COUNT 함수 : employees 테이블에서 중복 행과 널 값을 포함한 모든 행 (COUNT(*)), 중복 행 포함 널 값을 제외한 commission_pct의 모든 행 (COUNT(commission_pct)), 중복 행 및 널 값을 제외한 department_id의 모든 행(COUNT(DISTINCT department_id))을 표시한다.

```
SELECT COUNT(*), COUNT(commission_pct), COUNT(DISTINCT department_id)
FROM employees;

COUNT(*)   COUNT(COMMISSION_PCT)   COUNT(DISTINCTDEPARTMENT_ID)
--------   ---------------------   ----------------------------
     107                      35                             11
```

5.2 GROUP BY 절

- GROUP BY 절을 사용하여 결과를 더 작은 그룹으로 나눌 수 있다.
- SELECT 절에 그룹 함수를 제외한 컬럼, 즉 그룹화할 컬럼은 GROUP BY 절에 포함시켜야 한다.
- 여러 컬럼을 GROUP BY 절에 사용할 수 있다.
- WHERE 절 조건에 만족되는 값만 그룹화된다.
- GROUP BY 절에 컬럼 별칭을 사용할 수 없다.

[예제] GROUP BY 절 : employees 테이블에서 job_id가 SA_MAN, SA_REP인 사원을 job_id 별로 그룹화하여 job_id와 AVG(salary)를 표시한다.

```
SELECT job_id, AVG(salary)
FROM employees
WHERE job_id IN ('SA_MAN', 'SA_REP')
GROUP BY job_id;

JOB_ID    AVG(SALARY)
-------   -----------
SA_MAN          12200
SA_REP           8350
```

[예제] GROUP BY 절 : employees 테이블에서 salary가 널이 아닌 job_id 별 최고 급여를 표시한다.

```
SELECT MAX(salary)
FROM employees
WHERE salary IS NOT NULL
GROUP BY job_id;

MAX(SALARY)
-----------
      12008
       8300
...
19 rows selected.
```

[예제] GROUP BY 절 : employees 테이블에서 job_id가 SA_REP 또는 SA_MAN인 job_id 별 평균 급여와 평균 급여의 세율을 표시한다. SELECT 절의 그룹 함수를 제외한 컬럼은 GROUP BY 절에 반드시 포함시켜야 하는데, 그렇지 않으면 에러가 발생한다.

[틀린 예제]

```
SELECT job_id, AVG(salary) Avg_Sal, AVG(salary)*.08 Avg_Tax
FROM employees
WHERE UPPER(job_id) IN ('SA_REP', 'SA_MAN')
GROUP BY Avg_Sal
ORDER BY Avg_Tax;

ERROR at line 4:
ORA-00904: "AVG_SAL": invalid identifier
```

[맞는 예제]

```
SELECT job_id, AVG(salary) Avg_Sal, AVG(salary)*.08 Avg_Tax
FROM employees
WHERE UPPER(job_id) IN ('SA_REP', 'SA_MAN')
GROUP BY job_id
ORDER BY Avg_Tax;

JOB_ID     AVG_SAL    AVG_TAX
--------   ---------  ---------
SA_REP        8350        668
SA_MAN       12200        976
```

[예제] GROUP BY 절 : employees 테이블에서 입사 년도별 급여 합계를 표시한다.

GROUP BY 절에는 SELECT 절과 같은 컬럼 또는 표현식을 기술해야 한다.

[틀린 예제]

```
SELECT TO_CHAR(hire_date, 'rr'), SUM(salary)
FROM employees
GROUP BY TO_CHAR(hire_date,'yyyy');

ERROR at line 1:
ORA-00979: not a GROUP BY expression
```

[맞는 예제]

```
SELECT TO_CHAR(hire_date, 'rr'), SUM(salary)
FROM employees
GROUP BY TO_CHAR(hire_date,'rr');

TO   SUM(SALARY)
---  -----------
08        59200
04        86000
...
8 rows selected.
```

5.3 HAVING 절

- 조건에 만족되는 행 그룹의 결과를 제한한다.
- 서브쿼리에 HAVING 절을 사용할 수 있다.

[예제] HAVING 절 : employees 테이블에서 salary가 3000 보다 큰 사원 중에서 평균 급여가 5000 보다 크고 6000 보다 작은 job_id 별 사원 수를 표시한다.

```
SELECT job_id, COUNT(last_name)
FROM employees
WHERE salary > 3000
GROUP BY job_id
HAVING AVG(salary) BETWEEN 5000 AND 6000;

JOB_ID    COUNT(LAST_NAME)
--------  ----------------
IT_PROG                  5
MK_REP                   1
```

[예제] WHERE 절과 HAVING 절 : WHERE 절은 그룹화 전의 결과를 제한하고, HAVING 절은 그룹화 후의 결과를 제한한다. 아래 두 예제의 결과는 다르다.

[1] employees 테이블에서 입사한지 3000일 보다 오래된 사원의 job_id 별 SUM (salary)를 표시한다.

[2] employees 테이블에서 전체 사원의 job_id 별 SUM(salary) 중에서 최소 3000일 보다 오래 근무한 그룹을 표시한다.

[예제 1] WHERE 절 - 그룹화 전 결과 제한

```
SELECT job_id, SUM(salary)
FROM employees
WHERE SYSDATE - hire_date > 3000
GROUP BY job_id;

JOB_ID      SUM(SALARY)
----------  -----------
AC_MGR           12008
...
ST_CLERK         36300
19 rows selected.
```

[예제 2] HAVING 절 - 그룹화 후 결과 제한

```
SELECT job_id, SUM(salary)
FROM employees
GROUP BY job_id
HAVING MIN(SYSDATE - hire_date) > 3000;

JOB_ID      SUM(SALARY)
----------  -----------
AC_MGR           12008
...
HR_REP            6500
11 rows selected.
```

[예제] HAVING 절 : employees 테이블에서 salary가 3000 보다 큰 사원 중에서 사원이 5명 보다 많은 job_id를 표시한다. 그룹의 결과 제어는 HAVING 절 에서만 하고, 아래와 같이 WHERE 절에서 반복적으로 하지 않는다.

[틀린 예제]

```
SELECT job_id
FROM employees
WHERE salary > 3000 AND COUNT(*) > 5
GROUP BY job_id
HAVING COUNT(*) > 5;

ERROR AT LINE 3:
ORA-00934: group function is not allowed here
```

[맞는 예제]

```
SELECT job_id
FROM employees
WHERE salary > 3000
GROUP BY job_id
HAVING COUNT(*) > 5;

JOB_ID
--------
SH_CLERK
SA_REP
ST_CLERK
```

[예제] GROUP BY 절과 HAVING 절 : orders 테이블에서 ord_item 별 AVG(ord_qty)가 MIN(ord_qty)의 2배 보다 큰 ord_item, AVG(ord_qty)를 표시한다. GROUP BY 절은 그룹 함수 적용 이전에 행들을 그룹화하고, HAVING 절은 그룹화 이후의 함수 적용 결과를 제한한다. GROUP BY 절과 HAVING 절의 순서는 관계없으나 일반적으로 GROUP BY 절을 먼저 쓴다.

```
CREATE TABLE orders
(ord_id number, ord_item number, ord_qty number);

INSERT INTO orders VALUES(1, 111, 10);
INSERT INTO orders VALUES(1, 222, 20);
INSERT INTO orders VALUES(1, 333, 30);
INSERT INTO orders VALUES(2, 333, 30);
INSERT INTO orders VALUES(2, 444, 40);
INSERT INTO orders VALUES(3, 111, 40);

SELECT * FROM orders;
```

```
    ORD_ID      ORD_ITEM        ORD_QTY
---------      -----------     ----------
         1            111             10
         1            222             20
         1            333             30
         2            333             30
         2            444             40
         3            111             40

SELECT ord_item, AVG(ord_qty)
FROM orders
HAVING AVG(ord_qty) > MIN(ord_qty) * 2
GROUP BY ord_item;

ORD_ITEM   AVG(ORD_QTY)
--------   ------------
     111             25
```

5.4 그룹 함수의 특징

- 그룹 함수의 매개 변수로 컬럼, 표현식, 상수 또는 함수를 사용할 수 있다.
- COUNT(*)를 제외하고 그룹 함수 내 널 값은 무시된다(널 값을 함수 연산에 포함시키지 않는다).
- 그룹 함수의 중첩은 2단계만 가능하며, 그룹 함수를 중첩하는 경우 반드시 GROUP BY 절을 사용해야 한다.
- WHERE 절에는 그룹 함수를 사용할 수 없다.
- SELECT 문장에서 사용하는 COUNT 함수는 종류에 관계없이 WHERE 절을 가질수 있다.

[예제] 그룹 함수의 중첩 : 그룹 함수의 중첩은 최대 2단계까지만 가능하다. job_id 별 그룹화된 AVG(MAX(salary))는 결과가 1개인데, HAVING 절에서 1개의 결과에 대해 AVG(MAX(salary))를 적용할 수 없으므로 에러가 발생한다.

```
SELECT AVG(MAX(SALARY))
FROM employees
GROUP BY job_id
HAVING AVG(MAX(salary)) > 5000;
```

```
ERROR at line 4:
ORA-00935: group function is nested too deeply
```

[예제] 그룹의 결과 제어 : employees 테이블에서 job_id 별로 그룹화하고 sum(salary)가 5000 보다 큰 job_id, sum(salary)를 표시한다. SELECT 절의 그룹 함수 이외의 컬럼인 job_id는 GROUP BY 절에 기술해야 하고, WHERE 절에는 그룹 함수를 사용할 수 없으므로 HAVING 절에 조건을 사용해야 한다.

[틀린 예제]

```
SELECT JOB_ID, SUM(SALARY)
FROM employees
WHERE sum(salary) > 5000;

ERROR AT LINE 3:
ORA-00934: group function is not allowed here
```

[맞는 예제]

```
SELECT job_id, sum(salary)
FROM employees
GROUP BY job_Id
HAVING sum(salary) > 5000;

JOB_ID          SUM(SALARY)
-------------   -----------
AC_MGR                12008
AC_ACCOUNT             8300
...
18 rows selected.
```

[예제] 단일 행의 그룹 함수 : employees 테이블에서 임의의 한 행(rownum=1)의 employee_id, last_name, sum(salary)를 표시한다. 단 하나의 행이라도 그룹 함수를 사용하려면 GROUP BY 절이 필요하다.

[틀린 예제]

```
SELECT employee_id, last_name, sum(salary)
FROM employees
WHERE rownum=1;
```

```
ERROR at line 1:
ORA-00937: not a single-group group function
```

[맞는 예제]

```
SELECT employee_id, last_name, sum(salary)
FROM employees
WHERE rownum=1
GROUP BY employee_id, last_name;

EMPLOYEE_ID  LAST_NAME          SUM(SALARY)
-----------  -----------------  -----------
        198  OConnell                  2600
```

[예제] 그룹 함수의 데이터 유형

[1] employees 테이블에서 MAX(hire_date), MIN(employee_id)를 표시한다. MAX(날짜), MIN(숫자) 모두 사용 가능하다.

[2] employees 테이블에서 AVG(hire_date - SYSDATE), AVG(salary)를 표시한다. AVG(hire_date - SYSDATE)는 hire_date - SYSDATE가 숫자여서, AVG(숫자)가 되므로 사용 가능하다.

[3] MAX(AVG(SYSDATE - hire_date))에서 SYSDATE - hire_date가 숫자이므로, MAX(AVG(숫자))로 사용 가능하지만, GROUP BY 절의 누락으로 에러가 발생한다.

[4] AVG(hire_date)에서 AVG(날짜)는 사용 불가능하여 에러가 발생한다.

[예제 1] MAX(날짜), MIN(숫자) - 사용 가능

```
SELECT MAX(hire_date), MIN(employee_id) FROM employees;

MAX(HIRE_  MIN(EMPLOYEE_ID)
---------  ----------------
21-APR-08               100
```

[예제 2] AVG(숫자) - 사용 가능

```
SELECT AVG(hire_date - SYSDATE), AVG(salary) FROM employees;

AVG(HIRE_DATE-SYSDATE)  AVG(SALARY)
----------------------  -----------
           -3171.4669    6461.83178
```

[예제 3] MAX(AVG(숫자)) - 사용 가능하지만, GROUP BY 누락으로 에러 발생

```
SELECT MAX(AVG(SYSDATE - hire_date)) FROM employees;

ERROR at line 1:
ORA-00978: nested group function without GROUP BY
```

[예제 4] AVG(날짜) - 사용 불가능

```
SELECT AVG(hire_date) FROM employees;

ERROR at line 1:
ORA-00932: inconsistent datatypes: expected NUMBER got DATE
```

[예제] COUNT(DISTINCT) : employees 테이블에서 대소문자에 관계없이 고유한 job_id의 수를 표시한다. 아래 두 예는 결과가 같다.

[1] UPPER(job_id)가 먼저 적용되어 job_id를 대문자로 변환하고, COUNT(DISTINCT job_id)는 고유한 job_id 개수를 세기 위해 DISTINCT를 사용했다.

[2] UPPER(job_id)가 먼저 적용되어 job_id를 대문자로 변환하고, COUNT(UNIQUE job_id)는 고유한 job_id 개수를 세기 위해 UNIQUE를 사용했다.

[예제 1] COUNT(DISTINCT)

```
SELECT COUNT(DISTINCT(UPPER(job_id)))
FROM employees;

COUNT(DISTINCT(UPPER(JOB_ID)))
------------------------------
                            19
```

[예제 2] COUNT(UNIQUE)

```
SELECT COUNT(UNIQUE(UPPER(job_id)))
FROM employees;

COUNT(UNIQUE(UPPER(JOB_ID)))
----------------------------
                          19
```

[예제] SUM(DECODE(SUBSTR)) 함수 : employees 테이블에서 2007년과 2008년 입사자의 수를 표시한다. SUBSTR(hire_date, 8)은 입사 년도를 반환하고,

DECODE(입사 년도, '07', 1, 0)는 입사 년도가 07이면 1, 그렇지 않으면 0을 반환한다. 그런 다음 SUM 함수는 반환된 1과 0을 더해서 07년 입사자의 수를 반환한다. DECODE(입사 년도, '08', 1, 0)도 마찬가지이다.

```
SELECT SUM(DECODE(SUBSTR(hire_date, 8),'07', 1, 0)) "2007",
       SUM(DECODE(SUBSTR(hire_date, 8),'08', 1, 0)) "2008"
FROM employees;

2007       2008
--------   -------
      19        11
```

【 학습 내용 및 출제 범위 】

- 조인 구분
- Natural Join
- USING 절
- ON 절
- Self Join
- 비등가조인(Non-equijoin)
- Outer Join
- CROSS Join
- 오라클 조인

6

조인

6.1 조인 구분

- 조인을 사용하여 여러 테이블의 데이터를 조회할 수 있다.
- 조인 구문은 ANSI 조인 구문과 오라클 조인 구문으로 구분된다. ANSI 조인으로는 Natural Join, USING 절, ON 절, LEFT|RIGHT|FULL OUTER Join, CROSS Join 등이 있다.
- 조인 유형으로는 등가조인(Equijoin), 비등가조인(Non-equijoin), Self Join, OUTER Join이 있다.

6.2 Natural Join

> **구문**
> SELECT column1, column2, ...
> FROM table1 NATURAL JOIN table2 NATURAL JOIN ...

- Natural Join은 조인하는 테이블에서 동일한 이름의 컬럼을 조인 조건으로 사용한다.
- 동일한 이름의 컬럼이 조인할 수 없는 데이터 유형이면 에러가 발생한다.
- 동일한 이름의 컬럼에 테이블 이름이나 별칭을 접두어로 사용할 수 없다.

[예제] Natural Join : employees, departments, locations 테이블에서 employee_id가 101번인 사원의 last_name, department_id, department_name, city를 표시한다. employees와 departments 테이블의 이름이 동일한 컬럼인 department_id에 테이블 별칭을 사용하면 에러가 발생한다.

[틀린 예제]

```
SELECT last_name, d.department_id, department_name, city
FROM employees e NATURAL JOIN departments d
    NATURAL JOIN locations l
WHERE employee_id = 101;

ERROR at line 1:
ORA-25155: column used in NATURAL join cannot have qualifier
```

[맞는 예제]

```
SELECT last_name, department_id, department_name, city
FROM employees NATURAL JOIN departments NATURAL JOIN locations
WHERE employee_id = 101;

LAST_NAME    DEPARTMENT_ID  DEPARTMENT_NAME       CITY
----------   -------------  -------------------   ----------
Kochhar                 90  Executive             Seattle
```

6.3 USING 절

- 다음과 같은 경우 USING 절을 사용하여 조인할 수 있다.
  - 조인할 테이블의 컬럼 이름은 같지만 데이터 유형이 다를 때
  - 조인할 테이블의 여러 컬럼 이름이 동일하고, 특정 컬럼만 조인하도록 할 때
- 등가조인(Equijoin)에만 사용할 수 있다.
- 조인할 테이블 개수에는 제한이 없다.
- NATURAL JOIN과 USING 절을 함께 사용할 수 없다.

[예제] USING 절 : employees, departments 테이블에서 last_name, department_name을 표시한다. USING 절에 조인 조건인 department_id를 사용하였다.

```
SELECT last_name, department_name
FROM employees JOIN departments
USING (department_id);

LAST_NAME          DEPARTMENT_NAME
---------------    ---------------
Whalen             Administration
...
106 rows selected.
```

[예제] NATURAL JOIN과 USING 절

[1] t1, t2 테이블에 USING 절을 사용하여 명시적으로 c1, c2 컬럼으로 조인하고, c1 컬럼으로 그룹화해서 c1, COUNT(c4)를 표시한다.

[2] t1, t2 테이블에 NATURAL JOIN을 사용하여 암시적으로 c1, c2 컬럼으로 조인하고, c1 컬럼으로 그룹화해서 c1, COUNT(c4)를 표시한다.

```
CREATE TABLE t1
(c1 NUMBER, c2 NUMBER, c3 NUMBER);
CREATE TABLE t2
(c1 NUMBER, c2 NUMBER, c4 NUMBER);
```

[예제 1] USING 절

```
SELECT c1, COUNT(c4)
FROM t1 JOIN t2
USING (c1, c2)
GROUP BY c1;
```

[예제 2] NATURAL JOIN

```
SELECT c1, COUNT(c4)
FROM t1 NATURAL JOIN t2
GROUP BY c1;
```

6.4 USING 절의 테이블 접두어 또는 테이블 별칭 사용 제한

- USING 절과 USING 절에 사용되는 컬럼에는 테이블 접두어 또는 테이블 별칭을 사용할 수 없다.

- USING 절에 사용하지 않는 컬럼은, 테이블 접두어 또는 테이블 별칭 사용이 선택적이지만, 테이블 모두에 동일한 컬럼이 있는 경우에는, 테이블 접두어 또는 테이블 별칭을 사용해야 한다.

[예제] USING 절에 테이블 별칭 사용 제한 : employees, departments 테이블에서 job_id가 SA_MAN인 last_name, department_name을 표시한다. USING 절에 테이블 별칭을 사용하면 에러가 발생한다.

[틀린 예제]

```
SELECT e.last_name, d.department_name
FROM employees e JOIN departments d
USING (d.department_id)
WHERE e.job_id = 'SA_MAN';

ERROR at line 3:
ORA-01748: only simple column names allowed here
```

[맞는 예제]

```
SELECT e.last_name, d.department_name
FROM employees e JOIN departments d
USING (department_id)
WHERE e.job_id = 'SA_MAN';

LAST_NAME              DEPARTMENT_NAME
--------------------   --------------------
Russell                Sales
Partners               Sales
...
```

[예제] USING 절 컬럼의 테이블 별칭 사용 제한 : employees, departments 테이블에서 department_id가 30인 last_name, department_name을 표시한다. USING 절에 사용되는 컬럼에 테이블 별칭을 사용하면 에러가 발생한다.

[틀린 예제]

```
SELECT e.last_name, d.department_name
FROM employees e JOIN departments d
USING (department_id)
WHERE e.department_id = 30;
```

```
ERROR at line 4:
ORA-25154: column part of USING clause cannot have qualifier
```

[맞는 예제]

```
SELECT e.last_name, d.department_name
FROM employees e JOIN departments d
USING (department_id)
WHERE department_id = 30;

LAST_NAME          DEPARTMENT_NAME
---------------    --------------------
Raphaely           Purchasing
...
6 rows selected.
```

[예제] 애매한 컬럼 정의 : employees, departments 테이블에서 department_id 가 30인 last_name, manager_id, department_name을 표시한다. 테이블 모두에 동일한 컬럼 manager_id가 있어, 테이블 접두어 또는 테이블 별칭 을 사용하지 않으면 에러가 발생한다.

[틀린 예제]

```
SELECT last_name, manager_id, department_name
FROM employees JOIN departments
USING (department_id)
WHERE department_id = 30;

ERROR at line 1:
ORA-00918: column ambiguously defined
```

[맞는 예제]

```
SELECT last_name, e.manager_id, department_name
FROM employees e JOIN departments d
USING (department_id)
WHERE department_id = 30;

LAST_NAME          MANAGER_ID  DEPARTMENT_NAME
---------------    ----------  ----------------
Raphaely                  100  Purchasing
...
6 rows selected.
```

6.5 ON 절

- ON 절을 사용하여 서로 다른 이름을 가지며 호환되는 데이터 유형의 컬럼을 조인할 수 있다.
- 등가조인(Equijoin) 및 비등가조인(Non-equijoin) 모두에 사용할 수 있다.

[예제] ON 절 : t1, t2 테이블의 조인 컬럼인 c1, c2를 ON 절에 사용하여 조인한다.
ON 절을 사용하여도 테이블 사이의 조인 조건을 모두 기술해 주어야 한다.

```
DESC t1
Name       Null?    Type
--------   -------  ----------
C1                  NUMBER
C2                  NUMBER
C3                  NUMBER

DESC t2
Name       Null?    Type
--------   -------  ----------
C1                  NUMBER
C2                  NUMBER
C4                  NUMBER

SELECT t1.c1, t1.c2, t1.c3, t2.c4
FROM t1 JOIN t2
ON (t1.c1 = t2.c1 AND t1.c2 = t2.c2);
```

[예제] USING 절 또는 ON 절 : employees, departments, locations 테이블에서 Seattle에 근무하는 last_name, department_name, city를 표시한다.

[예제 1] USING 절

```
SELECT e.last_name, d.department_name, l.city
FROM employees e JOIN departments d
USING(department_id)
JOIN locations l
USING(location_id)
WHERE l.city = 'Seattle';
```

```
LAST_NAME       DEPARTMENT_NAME         CITY
-----------     ---------------------   --------
Whalen          Administration          Seattle
...
18 rows selected.
```

[예제 2] ON 절

```
SELECT e.last_name, d.department_name, l.city
FROM employees e JOIN departments d
ON(e.department_id = d.department_id)
JOIN locations l
ON(d.location_id = l.location_id)
WHERE l.city = 'Seattle';
```

```
LAST_NAME       DEPARTMENT_NAME         CITY
-----------     ---------------------   --------
Whalen          Administration          Seattle
...
18 rows selected.
```

[예제] 조인의 검색 조건 : employees, departments 테이블에서 employee_id가 100인 last_name, department_name을 표시한다. 검색 조건을 ON 절 또는 USING 절과 WHERE 절을 사용하거나 ON 절에 AND를 사용할 수 있다.

[예제 1-1] ON 절과 WHERE 절

```
SELECT e.last_name, d.department_name
FROM employees e JOIN departments d
ON (e.department_id = d.department_id)
WHERE e.employee_id = 100;
```

```
LAST_NAME          DEPARTMENT_NAME
-----------------  -------------------
King               Executive
```

[예제 1-2] USING 절과 WHERE 절

```
SELECT e.last_name, d.department_name
FROM employees e JOIN departments d
USING (department_id)
WHERE e.employee_id = 100;
```

```
LAST_NAME          DEPARTMENT_NAME
-----------------  -------------------
King               Executive
```

[예제 1-3] ON 절의 AND

```
SELECT e.last_name, d.department_name
FROM employees e JOIN departments d
ON (e.department_id = d.department_id)
AND e.employee_id = 100;
```

```
LAST_NAME              DEPARTMENT_NAME
--------------------   -----------------------
King                   Executive
```

6.6 Self Join

Self Join은 같은 테이블 사이의 조인으로, 동일한 테이블 이름을 FROM 절에 여러 번 기술하고, 다른 테이블 별칭으로 구분한다.

> 구문
> SELECT a.column, b.column, ...
> FROM table1 a JOIN table1 b
> ON (a.column = b.column)

[예제] Self Join : employees 테이블에서 사원 이름(a.last_name), 관리자 번호 (a.manager_id), 관리자 이름(b.last_name)을 표시한다. FROM 절에서 employees 테이블의 별칭을 각각 a, b로 다르게 하여 구분한다.

```
SELECT a.last_name emp, a.manager_id, b.last_name
FROM employees a JOIN employees b
ON (a.manager_id = b.employee_id);
```

```
EMP             MANAGER_ID  LAST_NAME
--------------  ----------  ---------
Smith                  148  Cambrault
...
106 rows selected.
```

6.7 비등가조인(Non-equijoin)

> **구문**
> SELECT table1.column, table2.column, ...
> FROM table1 JOIN table2
> ON (table1.column BETWEEN table2.lowvalue_column
>   AND table2.highvalue_column)

- Non-equijoin은 조인 조건에 등호가 아닌 다른 연산자를 포함하는 조인이다.
- 연산자는 주로 BETWEEN을 사용한다.

[예제] 비등가조인(Non-equijoin) : employees, job_grades 테이블에서 last_name, salary, grade_level을 표시한다. employees 테이블의 salary로 job_grades 테이블의 lowest_sal과 highest_sal 값 사이를 검색하여 grade_level을 표시한다.

```
CREATE TABLE job_grades
(grade_level VARCHAR2(3), lowest_sal NUMBER, highest_sal NUMBER);

INSERT INTO job_grades VALUES('A', 1000, 2999);
INSERT INTO job_grades VALUES('B', 3000, 5999);
INSERT INTO job_grades VALUES('C', 6000, 9999);
INSERT INTO job_grades VALUES('D', 10000, 14999);
INSERT INTO job_grades VALUES('E', 15000, 24999);
INSERT INTO job_grades VALUES('F', 25000, 40000);

SELECT last_name, salary, grade_level
FROM employees e JOIN job_grades j
ON (salary BETWEEN lowest_sal AND highest_sal);

LAST_NAME          SALARY GRA
---------------    ------ ---
Olson                2100 A
...
King                24000 E
107 rows selected.
```

6.8 Outer Join

Outer Join은 조인 조건을 만족하는 모든 행과, 조인 컬럼에 널 값이 있어 조인 조건을 만족하지 않는 모든 행을 반환한다.

> **▶ 구문**
> SELECT table1.column, table2.column
> FROM table1 [LEFT|RIGHT|FULL] OUTER JOIN table2
> ON (table1.column = table2.column)

- LEFT OUTER JOIN : 테이블2에 조인 조건을 만족하는 행이 없어도 왼쪽 테이블인 테이블1의 모든 행을 검색한다.
- RIGHT OUTER JOIN : 테이블1에 조인 조건을 만족하는 행이 없어도 오른쪽 테이블인 테이블2의 모든 행을 검색한다.
- FULL OUTER JOIN : 테이블1과 테이블2에 조인 조건을 만족하는 행이 없어도 양쪽 테이블의 모든 행을 검색한다.

[예제] RIGHT OUTER JOIN : employees, departments 테이블에서 last_name, department_id, department_name을 표시한다. 오른쪽에 있는 departments 테이블을 먼저 읽어서 부서에 속한 사원 여부와 관계없이 모든 부서의 정보를 표시한다.

```
SELECT e.last_name, d.department_id, d.department_name
FROM employees e RIGHT OUTER JOIN departments d
ON (e.department_id = d.department_id);

LAST_NAME            DEPARTMENT_ID   DEPARTMENT_NAME
-----------------    -------------   -------------------
Whalen                          10   Administration
...
                               120   Treasury
                               130   Corporate Tax
...
122 rows selected.
```

[예제] USING 절과 RIGHT OUTER JOIN : employees, departments 테이블에서 last_name, department_name을 표시한다. 조인은 USING 절을 사용하였

고, 오른쪽에 있는 departments 테이블을 먼저 읽어서 부서에 속한 사원 여부와 관계없이 모든 부서의 정보를 표시한다.

```
SELECT last_name, department_name
FROM employees RIGHT OUTER JOIN departments
USING (department_id);

LAST_NAME          DEPARTMENT_NAME
---------------    -------------------
Whalen             Administration
...
                   Treasury
                   Corporate Tax
...
122 rows selected.
```

[예제] 여러가지 조인 비교 : employees 테이블을 Self Join하여 사원의 last_name, 사원의 manager_id, 관리자의 last_name을 표시하고, 관리자가 없으면 No Manager로 표시한다.

[1] LEFT OUTER JOIN을 사용하여 조인 조건에 만족되지 않는, 즉 관리자가 없는 사원까지 표시한다.

[2] 보통의 INNER JOIN을 사용하여 조인 조건에 만족되지 않는, 즉 관리자가 없는 사원은 표시되지 않는다

[3] RIGHT OUTER JOIN을 사용하여 조인 조건에 만족되지 않는, 즉 관리자가 없는 사원은 표시되지 않는다.

[4] 문법에 맞지 않는 NATURAL JOIN을 사용하여 에러가 발생한다. NATURAL JOIN과 ON 절을 함께 사용할 수 없다.

[예제 1] LEFT OUTER JOIN

```
SELECT a.last_name emp, a.manager_id, NVL(b.last_name, 'No Manager')
FROM employees a LEFT OUTER JOIN employees b
ON (a.manager_id = b.employee_id);
```

```
EMP                 MANAGER_ID  NVL(B.LAST_NAME,'NOMANAGE
-----------------   ----------  -------------------------
Kumar                      148  Cambrault
...
King                            No Manager
107 rows selected.
```

[예제2] INNER JOIN

```
SELECT a.last_name emp, a.manager_id, NVL(b.last_name, 'No Manager')
FROM employees a JOIN employees b
ON (a.manager_id = b.employee_id);

EMP                 MANAGER_ID  NVL(B.LAST_NAME,'NOMANAGE
-----------------   ----------  -------------------------
Kumar                      148  Cambrault
...
106 rows selected.
```

[예제3] RIGHT OUTER JOIN

```
SELECT a.last_name emp, a.manager_id, NVL(b.last_name, 'No Manager')
FROM employees a RIGHT OUTER JOIN employees b
ON (a.manager_id = b.employee_id);

EMP                 MANAGER_ID  NVL(B.LAST_NAME,'NOMANAGE
-----------------   ----------  -------------------------
Kumar                      148  Cambrault
...
Vishney
...
195 rows selected.
```

[예제4] NATURAL JOIN

```
SELECT a.last_name emp, a.manager_id, NVL(b.last_name, 'No Manager')
FROM employees a NATURAL JOIN employees b
ON (a.manager_id = b.employee_id);

ERROR at line 3:
ORA-00933: SQL command not properly ended
```

[예제] 혼합 조인 비교 : employees, job_grades, departments 테이블에서 salary가 25000 보다 적은 last_name, salary, grade_level, department_name을 표시한다.

[1] employees와 job_grades는 INNER 조인의 비등가 조인을 사용하였고, employees와 departments는 INNER 조인의 등가 조인을 사용하였다. 모두 조인 조건에 만족하는 행만 표시한다.

[2] employees와 job_grades는 LEFT OUTER 조인의 비등가 조인을 사용하였고, employees와 departments는 RIGHT OUTER 조인의 등가 조인을 사용하였다. employees와 job_grades는 LEFT OUTER 조인을 하지 않아도 결과에 차이가 없지만, employees와 departments의 RIGHT OUTER 조인은 조인 조건에 만족하지 않는 사원이 없는 부서의 결과도 표시한다.

[예제 1] 비등가 조인, 등가 조인, INNER 조인

```
SELECT last_name, salary, grade_level, department_name
FROM employees e JOIN job_grades j
ON (salary BETWEEN lowest_sal AND highest_sal)
JOIN departments d
ON (e.department_id = d.department_id) AND salary < 25000;

LAST_NAME         SALARY   GRA   DEPARTMENT_NAME
---------------   ------   ---   ---------------
Baida              2900    A     Purchasing
...
De Haan           17000    E     Executive
106 rows selected.
```

[예제 2] 비등가 조인, 등가 조인, OUTER 조인

```
SELECT last_name, salary, grade_level, department_name
FROM employees e LEFT OUTER JOIN job_grades j
ON (salary BETWEEN lowest_sal AND highest_sal)
RIGHT OUTER JOIN departments d
ON (e.department_id = d.department_id) AND salary < 25000;

LAST_NAME         SALARY   GRA   DEPARTMENT_NAME
---------------   ------   ---   ---------------
Whalen             4400    B     Administration
...
                                 Treasury
...
122 rows selected.
```

[예제] INNER 및 OUTER 조인 비교 : cust 테이블에서 한 도시에 한 명 이상의 고객이 있는 custname, city를 표시한다. [예제 1]과 [예제 2]에서는 원하는 결과가 표시되지만 나머지는 그렇지 않다.

[1] INNER JOIN을 사용하여 조건에 만족하는 결과를 표시한다.

[2] RIGHT OUTER JOIN을 사용하여 조건에 만족하는 결과를 표시한다.

[3] LEFT OUTER JOIN을 사용하여 조건에 만족하지 않는 결과도 표시한다.

[4] FULL OUTER JOIN을 사용하여 조건에 만족하지 않는 결과도 표시한다.

[5] NATURAL JOIN을 ON 절과 함께 사용하여 에러가 발생한다.

```
CREATE TABLE cust
(custno NUMBER, custname VARCHAR2(10), city VARCHAR2(10));

INSERT INTO cust VALUES(1, 'KING', 'SEATTLE');
INSERT INTO cust VALUES(2, 'GREEN', 'BOSTON');
INSERT INTO cust VALUES(3, 'KOCHAR', 'SEATTLE');
INSERT INTO cust VALUES(4, 'SMITH', 'NEW YORK');
```

[예제 1] INNER JOIN

```
SELECT c1.custname, c1.city
FROM cust c1 JOIN cust c2
ON (c1.city = c2.city AND c1.custname <> c2.custname);
```

```
CUSTNAME        CITY
-------------   ---------
KING            SEATTLE
KOCHAR          SEATTLE
```

[예제 2] RIGHT OUTER JOIN

```
SELECT c1.custname, c1.city
FROM cust c1 RIGHT OUTER JOIN cust c2
ON (c1.city = c2.city AND c1.custname <> c2.custname);
```

```
CUSTNAME        CITY
-------------   ---------
KING            SEATTLE
KOCHAR          SEATTLE
```

[예제 3] LEFT OUTER JOIN

```
SELECT c1.custname, c1.city
FROM cust c1 LEFT OUTER JOIN cust c2
ON (c1.city = c2.city AND c1.custname <> c2.custname);
```

```
CUSTNAME        CITY
-------------   ---------
KOCHAR          SEATTLE
KING            SEATTLE
SMITH           NEW YORK
GREEN           BOSTON
```

[예제 4] FULL OUTER JOIN

```
SELECT c1.custname, c1.city
FROM cust c1 FULL OUTER JOIN cust c2
ON (c1.city = c2.city AND c1.custname <> c2.custname);
```

```
CUSTNAME        CITY
-------------   ---------
KOCHAR          SEATTLE
KING            SEATTLE
SMITH           NEW YORK
GREEN           BOSTON
```

6 rows selected.

[예제 5] NATURAL JOIN

```
SELECT c1.custname, c1.city
FROM cust c1 NATURAL JOIN cust c2
ON (c1.city = c2.city AND c1.custname <> c2.custname);

ERROR at line 3:
ORA-00933: SQL command not properly ended
```

[예제] INNER 및 OUTER 조인 결과 비교 : departments, employees 테이블에서 department_id와 부서별 사원 수(COUNT(e.employee_id))를 표시한다.

[1] INNER JOIN을 사용하여 부서와 사원이 모두 있는 부서별 사원 수를 표시한다.

[2] LEFT OUTER JOIN을 사용하여 부서가 있는 사원과, 사원이 없는 부서를 포함한 모든 부서의 부서별 사원 수를 표시한다.

[3] RIGHT OUTER JOIN을 사용하여 부서가 없는 사원을 포함한 모든 사원과, 사

원이 있는 부서의 부서별 사원 수를 표시한다.

[4] FULL OUTER JOIN을 사용하여 부서가 없는 사원을 포함한 모든 사원과, 사원이 없는 부서를 포함한 모든 부서의 부서별 사원 수를 표시한다.

[예제 1] INNER JOIN

```
SELECT d.department_id, COUNT(e.employee_id)
FROM departments d JOIN employees e
ON e.department_id = d.department_id
GROUP BY d.department_id;


DEPARTMENT_ID  COUNT(E.EMPLOYEE_ID)
-------------  --------------------
           10                     1
...
          110                     2
11 rows selected.
```

[예제 2] LEFT OUTER JOIN

```
SELECT d.department_id, COUNT(e.employee_id)
FROM departments d LEFT OUTER JOIN employees e
ON e.department_id = d.department_id
GROUP BY d.department_id;


DEPARTMENT_ID  COUNT(E.EMPLOYEE_ID)
-------------  --------------------
           10                     1
...
          120                     0
...
27 rows selected.
```

[예제 3] RIGHT OUTER JOIN

```
SELECT d.department_id, COUNT(e.employee_id)
FROM departments d RIGHT OUTER JOIN employees e
ON e.department_id = d.department_id
GROUP BY d.department_id;


DEPARTMENT_ID  COUNT(E.EMPLOYEE_ID)
-------------  --------------------
          100                     6
           30                     6
                                  1
...
12 rows selected.
```

[예제 4] FULL OUTER JOIN

```
SELECT d.department_id, COUNT(e.employee_id)
FROM departments d FULL OUTER JOIN employees e
ON e.department_id = d.department_id
GROUP BY d.department_id;

DEPARTMENT_ID  COUNT(E.EMPLOYEE_ID)
-------------  --------------------
          100                     6
           30                     6
                                  1
...
          150                     0
28 rows selected.
```

6.9 CROSS Join

> **구문**
>
> SELECT table1.column, table2.column, ...
> FROM table1 CROSS JOIN table2

- 명시적으로 Cross Join을 사용하거나 조인 조건을 생략하면 Cartesian Product가 생성된다.
- Cartesian Product는 첫 번째 테이블의 모든 행과 두 번째 테이블의 모든 행이 조인되는 것이다. 예컨대 table1이 107행이고 table2가 27행이면 2889(107*27)행이 표시된다.
- 특별한 경우를 제외하고 Cartesian Product가 발생하지 않도록 유효한 조인 조건을 명시해야 한다.

[예제] CROSS JOIN : employees, departments 테이블에서 last_name, department_name을 표시한다. CROSS JOIN을 사용하여 employees 테이블의 모든 행과 departments 테이블의 모든 행이 조인되어 Cartesian Product가 생성된다.

```
SELECT last_name, department_name
FROM employees CROSS JOIN departments;
```

```
LAST_NAME            DEPARTMENT_NAME
------------------   ---------------
Abel                 Administration
Ande                 Administration
...
2889 rows selected.
```

6.10 오라클 조인: 등가 조인

> **구문**
>
> SELECT table1.column, table2.column, ...
> FROM table1, table2
> WHERE table1.column = table2.column

[예제] 오라클 등가 조인 : employees, departments에서 last_name, department_name, location_id를 표시한다. WHERE 절에 등가 조인 조건을 사용하였다.

```
SELECT e.last_name, d.department_name, d.location_id
FROM employees e, departments d
WHERE e.department_id = d.department_id;

LAST_NAME         DEPARTMENT_NAME                      LOCATION_ID
--------------    --------------------                 -----------------
Whalen            Administration                              1700
...
106 rows selected.
```

6.11 오라클 조인: Self Join

> **구문**
>
> SELECT a.column, b.column, ...
> FROM table1 a JOIN table1 b
> WHERE a.column = b.column

[예제] 오라클 Self Join : employees 테이블에서 사원의 last_name, 사원의 manager_id, 관리자의 last_name을 표시한다. employees 테이블을 Self Join하였고, WHERE 절에 등가 조인 조건을 사용하였다.

```
SELECT a.last_name emp, a.manager_id, b.last_name
FROM employees a, employees b
WHERE a.manager_id = b.employee_id;

EMP              MANAGER_ID  LAST_NAME
--------------   ----------  ------------------
Smith                   148  Cambrault
...
106 rows selected.
```

6.12 오라클 조인: 비등가 조인

> **구문**
>
> SELECT table1.column, table2.column, ...
> FROM table1, table2
> WHERE table1.column BETWEEN table2.lowvalue_column
>   AND table2.highvalue_column

[예제] 오라클 비등가 조인 : employees, job_grades 테이블에서 last_name, salary, grade_level을 표시한다. WHERE 절에 비등가 조인 조건을 사용하였다.

```
SELECT last_name, salary, grade_level
FROM employees e, job_grades j
WHERE salary BETWEEN lowest_sal AND highest_sal;

LAST_NAME        SALARY  GRA
--------------   ------  ---
Olson              2100  A
...
King              24000  E
107 rows selected.
```

6.13 오라클 조인: OUTER 조인

> **구문**
>
> SELECT table1.column, table2.column, ...
> FROM table1, table2
> WHERE table1.column [(+)] = table2.column [(+)]

[예제] 오라클 OUTER 조인 : employees, departments 테이블에서 부서가 없는 사원을 포함하여 last_name, department_name, location_id를 표시한다. WHERE 절에 오라클 OUTER 조인 조건을 사용하였다. 오라클 OUTER 조인은 정보가 부족한, 즉 나중에 액세스할 테이블의 조인 조건에 (+) 기호를 붙인다.

```
SELECT e.last_name, d.department_name, d.location_id
FROM employees e, departments d
WHERE e.department_id = d.department_id (+);

LAST_NAME         DEPARTMENT_NAME          LOCATION_ID
---------------   ----------------------   -----------
Whalen            Administration                  1700
...
Grant
107 rows selected.
```

【 학습 내용 및 출제 범위 】

- 서브쿼리로 문제 해결
- 단일 행 서브쿼리
- 다중 행 서브쿼리
- 다중 컬럼 서브쿼리
- 서브쿼리의 널 값
- 인라인 뷰와 Top-N 분석

7

서브쿼리

7.1 서브쿼리

- 서브쿼리는 다른 SQL 문에 포함된 SELECT 문이다. 다음에서 사용할 수 있다.
  - SELECT 문 : GROUP BY 절을 제외한 SELECT 절, FROM 절, WHERE 절, HAVING 절, ORDER BY 절
  - INSERT 문 : INTO 절, VALUES 절
  - UPDATE 문 : UPDATE 절, SET 절, WHERE 절
  - DELETE 문 : DELETE 절, WHERE 절
  - CTAS(Create Table AS 서브쿼리) 문
- 서브쿼리를 사용하여 단순하면서도 강력한 SQL을 작성할 수 있다.
- 서브쿼리, 메인쿼리는 모두 같은 테이블 또는 서로 다른 테이블이 될 수 있다.
- 서브쿼리에 GROUP BY 절, HAVING 절, 제한적으로 ORDER BY 절을 포함할 수 있다.
- 서브쿼리는 255 레벨까지 중첩할 수 있다(인라인 뷰는 제한 없음).
- 서브쿼리는 0개 이상의 행을 반환할 수 있다.
- 메인 쿼리와의 부정 비교(〈〉)는 일반적으로 단일행 서브쿼리에서 한다.

7.2 서브쿼리로 문제 해결

> **구문**
>
> SELECT select_list
> FROM table
> WHERE expr operator (SELECT select_list
> 　　　　　　　　　　　FROM table)

- 한 쿼리를 다른 쿼리 안에 사용하여 문제를 해결할 수 있다.
- 밖에 있는 쿼리는 Main query(Outer query), 안에 있는 쿼리는 Subquery(Inner query)이다.
- 메인 쿼리가 실행되기 전에 서브쿼리가 실행되어, 그 결과를 메인쿼리가 사용한다.

[예제] 서브쿼리로 문제 해결 : AVG(salary) 보다 더 많은 salary를 받는 사원의 last_name, salary를 표시한다. 사원의 평균 급여보다 더 많은 급여를 받는 사원을 조회하기 위하여, 먼저 서브쿼리에서 사원의 평균 급여 6461.83178을 구한 후, 메인 쿼리에서 salary가 서브쿼리의 결과 6461.83178 보다 큰 것만 최종 출력한다.

```
SELECT last_name, salary
FROM employees
WHERE salary > (SELECT AVG(salary)
                FROM employees);

LAST_NAME            SALARY
----------------     ------
Hartstein            13000
Mavris               6500
...
51 rows selected.
```

[예제] 단순 쿼리와 서브쿼리 비교 : 단순 쿼리 또는 서브쿼리를 사용하여 문제를 해결한다.

[1] 서브쿼리를 사용하여 103번 사원과 같은 급여를 받는 사원의 employee_id, last_name, salary를 표시한다.

[2] 단순 쿼리를 사용하여 50번 부서 사원들의 급여 합계를 표시한다.

[3] 단순 쿼리를 사용하여 부서 평균 급여가 6000 보다 큰 department_id와 평균 급여를 표시한다.

[4] 단순 쿼리를 사용하여 커미션을 받지 않고, 20번 부서에 속하지 않는 사원의 employee_id, last_name, commission_pct, department_id를 사원 번호 내림차순으로 표시한다.

[5] 단순 쿼리를 사용하여 연봉이 60000 보다 큰 사원의 last_name, salary를 표시한다.

[6] 서브쿼리를 사용하여 가장 많은 salary*commission_pct를 받는 사원의 last_name, salary*commission_pct를 표시한다.

[예제 1] 서브쿼리

```
SELECT employee_id, last_name, salary
FROM employees
WHERE salary = (SELECT salary
                FROM employees
                WHERE employee_id = 103);
```

```
EMPLOYEE_ID   LAST_NAME          SALARY
-----------   ---------------    --------
        103   Hunold               9000
        109   Faviet               9000
...
```

[예제 2] 단순 쿼리

```
SELECT SUM(salary)
FROM employees
WHERE department_id = 50;
```

```
SUM(SALARY)
-----------
     156400
```

[예제 3] 단순 쿼리

```
SELECT department_id, AVG(salary)
FROM employees
GROUP BY department_id
HAVING AVG(salary) > 6000;

DEPARTMENT_ID AVG(SALARY)
------------- -----------
          100  8601.33333
                     7000
...
8 rows selected.
```

[예제 4] 단순 쿼리

```
SELECT employee_id, last_name, commission_pct, department_id
FROM employees
WHERE commission_pct IS NULL AND department_id <> 20
ORDER BY employee_id desc;

EMPLOYEE_ID LAST_NAME       COMMISSION_PCT DEPARTMENT_ID
----------- --------------- -------------- -------------
        206 Gietz                                    110
...
        100 King                                      90
70 rows selected.
```

[예제 5] 단순 쿼리

```
SELECT last_name, salary
FROM employees
WHERE salary*12 > 60000;

LAST_NAME       SALARY
--------------- ------
Hartstein        13000
Fay               6000
...
58 rows selected.
```

[예제 6] 서브쿼리

```
SELECT last_name, salary*commission_pct
FROM employees
WHERE (salary*commission_pct) = (SELECT MAX(salary*commission_pct)
                                 FROM employees);

LAST_NAME       SALARY*COMMISSION_PCT
--------------- ---------------------
Russell                          5600
```

[예제] GROUP BY 절의 서브쿼리 : 서브쿼리는 GROUP BY 절에 사용할 수 없다.

```
SELECT job_id, SUM(salary)
FROM employees
GROUP BY (SELECT 'JOB_ID' from DUAL);

ERROR at line 3:
ORA-22818: subquery expressions not allowed here
```

[예제] DML 내 서브쿼리 : DML 내에서도 서브쿼리를 사용할 수 있다.

[1] INSERT INTO 절과 VALUES 절에서 서브쿼리를 사용하여, emps 테이블에 100, employees 테이블의 salary가 24000인 사원의 last_name, departments 테이블의 department_id가 90인 department_name을 입력한다.

[2] UPDATE 절, SET 절, WHERE 절에서 서브쿼리를 사용하여, employees 테이블의 salary가 24000인 employee_id와 같은 행의 dname을 departments 테이블의 department_id가 10인 department_name으로 수정한다.

[3] DELETE 절과 WHERE 절에서 서브쿼리를 사용하여, employees 테이블의 salary가 24000인 employee_id와 같은 행을 삭제한다.

[예제 1] INSERT에 서브쿼리 사용

```
CREATE TABLE emps
(id NUMBER, ename VARCHAR2(30), dname VARCHAR2(30));

INSERT INTO (SELECT * FROM emps)
VALUES(100, (SELECT last_name FROM employees
            WHERE salary = 24000),
            (SELECT department_name FROM departments
            WHERE department_id = 90));
```

[예제 2] UPDATE에 서브쿼리 사용

```
UPDATE (SELECT * FROM emps)
SET dname = (SELECT department_name FROM departments
            WHERE department_id = 10)
WHERE id = (SELECT employee_id FROM employees WHERE salary = 24000);
```

[예제 3] DELETE에 서브쿼리 사용

```
DELETE (SELECT * FROM emps)
WHERE id = (SELECT employee_id FROM employees WHERE salary = 24000);
```

7.3 서브쿼리 유형

다음과 같은 서브쿼리의 유형이 있다.

- 단일 행(Single row) 서브쿼리
- 다중 행(Multiple row) 서브쿼리
- 다중 컬럼(Multiple column) 서브쿼리

7.4 단일 행(Single row) 서브쿼리

▶ 구문

단일컬럼_또는_표현식 단일행_비교연산자 (SELECT 단일컬럼 또는 표현식 ...)

- 서브쿼리에서 하나의 행만 반환한다.
- 단일 행 비교 연산자(=, >=, <=, <, >, <>)를 사용한다.

[예제] 단일 행 서브쿼리 : Bell 보다 나중에 입사한 사원의 last_name, hire_date를 표시한다. 서브쿼리에서 last_name이 Bell인 사원의 hire_date인 04-FEB-04가 메인 쿼리에 반환된다. 결국 hire_date가 04-FEB-04 보다 큰 사원을 표시한다.

```
SELECT last_name, hire_date
FROM employees
WHERE hire_date > (SELECT hire_date
                   FROM employees
                   WHERE last_name = 'Bell');
```

```
LAST_NAME          HIRE_DATE
--------------     ---------
OConnell           21-JUN-07
Grant              13-JAN-08
...
90 rows selected.
```

[예제] 단일 행 서브쿼리 : 100번 사원과 이름이 같은 사원의 employee_id, last_name을 표시한다. 서브쿼리에서 employee_id가 100인 사원의 last_name인 King이 메인 쿼리에 반환된다. 결국 last_name이 King과 같은 사원을 표시한다. 서브쿼리에서 단일 행이 반환되면 비교 연산자로 LIKE를 사용할 수 있다.

```
SELECT employee_id, last_name
FROM employees
WHERE last_name LIKE (SELECT last_name
                      FROM employees
                      WHERE employee_id = 100);
```

```
EMPLOYEE_ID  LAST_NAME
-----------  ---------
        156  King
        100  King
```

[예제] 단일 행 서브쿼리의 UPDATE : 200번 사원의 급여를 King의 급여와 동일하게 변경한다. 서브쿼리에서 last_name이 King인 사원이 2명이므로 각각 10000, 24000의 salary가 반환된다. 단일 행 서브쿼리에서 다중 행이 반환되어 에러가 발생한다.

```
UPDATE employees
SET salary = (SELECT salary
              FROM employees
              WHERE last_name = 'King')
WHERE employee_id = 200;

ERROR at line 2:
ORA-01427: single-row subquery returns more than one row
```

7.5 다중 행(Multiple row) 서브쿼리

> **구문**
> 단일컬럼_또는_표현식 다중행_비교_연산자 (SELECT 단일컬럼_또는_표현식 ...)

- 서브쿼리에서 여러 행을 반환한다.
- 다중 행 비교 연산자(IN(= ANY 또는 SOME), ANY, ALL)를 사용한다.
  - <ANY는 최댓값보다 작음, >ANY는 최솟값보다 큼을 의미한다.
  - <ALL은 최솟값보다 작음, >ALL은 최댓값보다 큼을 의미한다.
  - =ANY는 서브쿼리의 하나 이상의 값과 같음을 의미한다.
  - =ALL은 서브쿼리의 모든 값과 같음을 의미한다.
- 다중 행 서브쿼리의 IN, ANY, ALL은 NOT 연산자와 함께 사용할 수 있다.

[예제] 다중 행 서브쿼리 : last_name이 Smith인 사원과 salary가 같은 사원의 last_name, salary를 모두 표시한다. [예제 1] IN, [예제 2] =ANY, [예제 3] =SOME의 결과는 모두 같다. last_name이 Smith인 사원은 2명이고 각각의 salary는 7400, 8000이다.

[예제 1] IN 사용

```
SELECT last_name, salary
FROM employees
WHERE salary IN (SELECT salary
                 FROM employees
                 WHERE last_name = 'Smith');
```

```
LAST_NAME        SALARY
--------------   ------
Smith            8000
Olsen            8000
Weiss            8000
Smith            7400
```

[예제 2] = ANY 사용

```
SELECT last_name, salary
FROM employees
WHERE salary = ANY (SELECT salary
                    FROM employees
                    WHERE last_name = 'Smith');
```

```
LAST_NAME         SALARY
--------------    ------
Smith             8000
Olsen             8000
Weiss             8000
Smith             7400
```

[예제 3] = SOME

```
SELECT last_name, salaryFROM employees
WHERE salary = SOME (SELECT salary
                     FROM employees
                     WHERE last_name = 'Smith');

LAST_NAME         SALARY
--------------    ------
Smith             8000
Olsen             8000
Weiss             8000
Smith             7400
```

[예제] <ANY 연산자 : 다수의 Smith의 각각의 급여보다 급여가 적은 사원의 last_name, salary를 모두 표시한다. 서브쿼리에서는 7400, 8000이 반환되는데, 서브쿼리의 각각의 값보다 적은, 즉 salary가 서브쿼리의 최댓값인 8000 보다 작은 값을 표시한다.

```
SELECT last_name, salary
FROM employees
WHERE salary < ANY (SELECT salary
                    FROM employees
                    WHERE last_name = 'Smith');

LAST_NAME         SALARY
--------------    ------
Olson             2100
...
Kaufling          7900
71 rows selected.
```

[예제] <ALL 연산자 : 다수의 Smith의 모든 급여보다 급여가 적은 사원의 last_name, salary를 모두 표시한다. 서브쿼리에서는 7400, 8000이 반환되는데, 서브쿼리의 모든 값보다 작은, 즉 salary가 서브쿼리의 최솟값인 7400 보다 작은 값을 표시한다.

```
SELECT last_name, salary
FROM employees
WHERE salary < ALL (SELECT salary
                    FROM employees
                    WHERE last_name = 'Smith');

LAST_NAME          SALARY
---------------    ------
Bates              7300
...
Olson              2100
65 rows selected.
```

[예제] HAVING 절에 <ALL 연산자 : job_id 별 평균 급여가 모든 부서별 최대 급여보다 더 작은 job_id, AVG(salary)를 표시한다. 서브쿼리에서는 department_id 별 최대 급여로 4400 ~ 24000이 반환되는데, 서브쿼리의 모든 값보다 작은, 즉 AVG(salary)가 서브쿼리의 최솟값인 4400 보다 작은 값을 표시한다.

```
SELECT job_id, AVG(salary)
FROM employees
GROUP BY job_id
HAVING AVG(salary) < ALL (SELECT MAX(salary)
                          FROM employees
                          GROUP BY department_id);

JOB_ID     AVG(SALARY)
--------   -----------
SH_CLERK       3215
PU_CLERK       2780
ST_CLERK       2785
```

[예제] DELETE에 서브쿼리 사용 : 서브쿼리를 이용하여 copy_emp 테이블의 데이터를 삭제한다.

[1] 단일 행 서브쿼리를 사용하여 employees 테이블의 200번 사원과 같은 copy_emp 테이블의 행을 삭제한다.

[2] 다중 행 서브쿼리를 사용하여 employees 테이블의 모든 employee_id와 같은 copy_emp 테이블의 행을 삭제한다. 서브쿼리에서 다중 행이 반환되므로 다중

행 비교 연산자를 사용해야 한다.

```
CREATE TABLE copy_emp
AS
SELECT * FROM employees;
```

[예제 1] 단일 행 서브쿼리

```
DELETE FROM copy_emp
WHERE employee_id = (SELECT employee_id
                     FROM employees
                     WHERE employee_id = 200);
```

[예제 2-틀린 예제] 다중 행 서브쿼리

```
DELETE FROM copy_emp
WHERE employee_id = (SELECT employee_id
                     FROM employees);

ERROR at line 2:
ORA-01427: single-row subquery returns more than one row
```

[예제 2-맞는 예제]

```
DELETE FROM copy_emp
WHERE employee_id IN (SELECT employee_id
                      FROM employees);
```

7.6 다중 컬럼(Multiple column) 서브쿼리

> **구문**
>
> 다중컬럼_또는_표현식 비교_연산자 (SELECT 다중컬럼_또는_표현식 ...)

- 서브쿼리에서 여러 컬럼과 한 행 이상이 반환된다.
- 다중 컬럼 비교 연산자로는 주로 IN을 사용한다.

[예제] 다중 컬럼 서브쿼리 : 다수의 Smith와 부서 및 급여가 같은 사원의 last_name, department_id, salary를 모두 표시한다. 서브쿼리에서 (department_id, salary)로 (80, 8000)과 (80, 7400)이 반환되는데, 서브쿼리에서 반환되는 값의 쌍과 같은 값을 표시한다.

```
SELECT last_name, department_id, salary
FROM employees
WHERE (department_id, salary) IN (SELECT department_id, salary
                                  FROM employees
                                  WHERE last_name = 'Smith');

LAST_NAME       DEPARTMENT_ID   SALARY
-------------   -------------   ------
Smith                      80     7400
Olsen                      80     8000
Smith                      80     8000
```

[예제] 서브쿼리 위치 : 부서 테이블의 최저 부서번호와 사원 테이블의 최저 부서번호가 일치하는 사원의 last_name, department_id를 표시한다. 서브쿼리는 비교 연산자의 왼쪽 또는 오른쪽에 올 수 있다. 왼쪽의 서브쿼리에서는 10을 반환하고, 오른쪽의 서브쿼리도 10을 반환하므로, WHERE 10 = 10, 즉 조건이 참이 되어 모든 행을 표시한다.

```
SELECT last_name, department_id
FROM employees
WHERE (SELECT MIN(department_id)
       FROM employees) = (SELECT MIN(department_id)
                          FROM departments);

LAST_NAME       DEPARTMENT_ID
-------------   -------------
OConnell                   50
...
Feeney                     50
107 rows selected.
```

[예제] 서브쿼리 중첩 : 서브쿼리는 255 레벨까지 중첩할 수 있다.

[1] 최고 급여 다음의 급여를 받는 모든 사원의 last_name, salary를 표시한다. 가장 안쪽의 서브쿼리 max(salary)는 24000을 반환하고, 그 다음 서브쿼리는 24000보다 작은 max(salary)로 17000을 반환하고, 그 다음 서브쿼리는 salary가 17000인 employee_id 101, 102를 반환하고, 마지막 메인 쿼리는 employee_id 101, 102 사원의 last_name와 salary를 표시한다.

[2] 사원 King과 같은 부서에 속하면서 King이 속한 부서의 최고 급여보다 더 작은 급여를 받는 사원의 last_name, salary, department_id를 표시한다. 처음 서브쿼리는 last_name이 King인 department_id 80, 90을 반환하고, 그 다음 서브쿼리 중 가장 안쪽의 서브쿼리도 last_name이 King인 department_id 80, 90을 반환하고, 그 다음은 department_id 80, 90에서 max(salary)인 24000을 반환한다. 그래서 WHERE 절은 department_id IN (80, 90) AND salary < 24000과 같이 된다.

[예제 1] 단일 조건의 서브쿼리 중첩

```
SELECT last_name, salary
FROM employees
WHERE employee_id IN (SELECT employee_id
     FROM employees
     WHERE salary = (SELECT max(salary)
                     FROM employees
                     WHERE salary < (SELECT max(salary)
                                     FROM employees)));
```

```
LAST_NAME         SALARY
---------------   ------
Kochhar           17000
De Haan           17000
```

[예제 2] 복합 조건의 서브쿼리 중첩

```
SELECT last_name, salary, department_id
FROM employees
WHERE department_id IN (SELECT department_id
                        FROM employees
                        WHERE last_name = 'King')
AND salary < (SELECT max(salary)
              FROM employees
              WHERE department_id IN (SELECT department_id
                                      FROM employees
                                      WHERE last_name = 'King'));
```

```
LAST_NAME         SALARY   DEPARTMENT_ID
---------------   ------   -------------
Russell           14000              80
...
De Haan           17000              90
36 rows selected.
```

7.7 서브쿼리의 널 값

- 단일 행 서브쿼리의 널 값 : 서브쿼리가 널이면, 널과의 비교는 널이기 때문에 행이 반환되지 않는다.
- 다중 행 서브쿼리의 널 값
  - IN 연산자를 사용할 경우 =ANY와 같으며, 서브쿼리 일부의 널 값은 메인 쿼리 결과에 영향을 미치지 않는다.
  - NOT IN 연산자를 사용할 경우 <>ALL과 같으며, 서브쿼리 일부의 널 값과 비교하는 모든 조건의 결과가 널이기 때문에, 서브쿼리 내에 널 값을 제거해야 한다.

[예제] 단일 행 서브쿼리의 널 값 : 100번 사원의 commission_pct와 같은 사원의 last_name, commission_pct를 표시한다. 서브쿼리에서 100번 사원의 commission_pct는 널이기 때문에, 널과의 비교는 널이 되어 행이 반환되지 않는다.

```
SELECT last_name, commission_pct
FROM employees
WHERE commission_pct = (SELECT commission_pct
                        FROM employees
                        WHERE employee_id = 100);

no rows selected.
```

[예제] 다중 행 서브쿼리의 널 값 - IN 연산자 : 사원이 있는 부서의 department_id, department_name을 표시한다. 서브쿼리에 널 값이 포함되어 있지만 IN 연산자이므로 원하는 결과에 영향을 미치지 않는다.

```
SELECT department_id, department_name
FROM departments
WHERE department_id IN (SELECT department_id
                        FROM employees);

DEPARTMENT_ID  DEPARTMENT_NAME
-------------  -------------------
           10  Administration
...
          110  Accounting
11 rows selected.
```

[예제] 다중 행 서브쿼리의 널 값 – NOT IN 연산자 : 사원이 없는 부서의 department_id, department_name을 표시한다. 서브쿼리에 널 값이 포함되어 있는데 NOT IN 연산자를 사용하여 반환되는 행이 없다. 서브쿼리의 널 값을 제거해 주기 위해 IS NOT NULL을 사용하여 문제를 해결한다.

[틀린 예제]

```
SELECT department_id, department_name
FROM departments
WHERE department_id NOT IN (SELECT department_id
                           FROM employees);
```

no rows selected

[맞는 예제]

```
SELECT department_id, department_name
FROM departments
WHERE department_id NOT IN (SELECT department_id
                           FROM employees
                           WHERE department_id IS NOT NULL);
```

```
DEPARTMENT_ID  DEPARTMENT_NAME
-------------  -------------------
          120  Treasury
...
          270  Payroll
16 rows selected.
```

[예제] 서브쿼리 내 그룹 함수 중첩: 사원 수가 가장 많은 부서의 department_id, COUNT(*)를 표시한다. 서브쿼리에서 GROUP BY 절 없이 그룹 함수 중첩을 사용하여 에러가 발생한다.

[틀린 예제]

```
SELECT department_id, COUNT(*)
FROM employees
GROUP BY department_id
HAVING COUNT(*) = (SELECT MAX(COUNT(*))
                  FROM employees);
```

ERROR at line 4:
ORA-00978: nested group function without GROUP BY

[맞는 예제]

```
SELECT department_id, COUNT(*)
FROM employees
GROUP BY department_id
HAVING COUNT(*) = (SELECT MAX(COUNT(*))
                   FROM employees
                   GROUP BY department_id);

DEPARTMENT_ID  COUNT(*)
-------------  --------
           50        45
```

7.8 인라인 뷰(Inline view)

- FROM 절에 서브쿼리를 사용하여 Top-N 분석은 물론이고 다양한 결과를 얻을 수 있다.
- 인라인 뷰는 스키마 객체가 아니다.
- ORDER BY 절을 포함할 수 있다.

7.9 Top-N 분석

인라인 뷰의 ORDER BY 절에서 최솟값이면 ASC(오름차순), 최댓값이면 DESC(내림차순)로 정렬한 후, OUTER(메인) 쿼리에서 ROWNUM을 사용하여 반환할 행 수를 제어하여 Top-N 분석을 할 수 있다(예: 상위 급여자 5명, 하위 급여자 5명 등).

[예제] Top-N 분석 : 2004년 입사하고 80번 부서에 속한 사원 중에서 상위 급여자 최대 5명의 employee_id, last_name, salary, Rank를 표시한다. FROM 절의 인라인 뷰에서 hire_date가 01-JAN-04~31-DEC-04, 즉 2004년에 입사하고 80번 부서에 속한 사원의 급여를 내림차순으로 정렬하고, 메인 쿼리의 WHERE 절에서 ROWNUM을 사용하여 최대 5행을 표시한다.

```
SELECT employee_id, last_name, salary, ROWNUM "Rank"
FROM (SELECT employee_id, last_name, salary
      FROM employees
      WHERE hire_date BETWEEN '01-JAN-04' AND '31-DEC-04'
      AND department_id = 80
      ORDER BY salary DESC)
WHERE ROWNUM <= 5;

EMPLOYEE_ID   LAST_NAME         SALARY   Rank
-----------   --------------    ------   ----
        145   Russell            14000      1
        174   Abel               11000      2
        156   King               10000      3
        157   Sully               9500      4
        158   McEwen              9000      5
```

[예제] 단순 쿼리와 인라인 뷰 : 2010년 1월 1일 이전에 입사한 사원의 최저 및 최고 급여를 표시한다.

[1] 단순 쿼리를 사용하여 MIN(salary), MAX(salary)를 표시한다.

[2] FROM 절에 인라인 뷰를 사용하여 MIN(salary), MAX(salary)를 표시한다.

[3] 인라인 뷰와 GROUP BY 절을 사용하여 MIN(salary), MAX(salary)를 표시한다.

[4] GROUP BY 절에 그룹 함수를 사용하여 에러가 발생한다.

[5] GROUP BY 절에 그룹 함수를 사용하여 에러가 발생한다.

[예제 1] 단순 쿼리

```
SELECT MIN(salary) minsal, MAX(salary) maxsal
FROM employees
WHERE hire_date < TO_DATE('2010-01-01','YYYY-MM-DD');

  MINSAL    MAXSAL
--------  --------
    2100     24000
```

[예제 2] 인라인 뷰

```
SELECT MIN(salary), MAX(salary)
FROM (SELECT salary
      FROM employees
      WHERE hire_date < TO_DATE('2010-01-01','YYYY-MM-DD'));

 MINSAL    MAXSAL
--------  --------
   2100     24000
```

[예제 3] 인라인 뷰와 GROUP BY 절

```
SELECT minsal, maxsal
FROM (SELECT MIN(salary) minsal, MAX(salary) maxsal
      FROM employees
      WHERE hire_date < TO_DATE('2010-01-01','YYYY-MM-DD'))
GROUP BY minsal, maxsal;

 MINSAL    MAXSAL
--------  --------
   2100     24000
```

[예제 4] GROUP BY 절에 그룹 함수

```
SELECT minsal, maxsal
FROM (SELECT MIN(salary) minsal, MAX(salary) maxsal
      FROM employees
      WHERE hire_date < TO_DATE('2010-01-01','YYYY-MM-DD')
      GROUP BY MIN(salary), MAX(salary));

ERROR at line 5:
ORA-00934: group function is not allowed here
```

[예제 5] GROUP BY 절에 그룹 함수

```
SELECT MIN(salary) minsal, MAX(salary) maxsal
FROM employees
WHERE hire_date < TO_DATE('2010-01-01','YYYY-MM-DD')
GROUP BY MIN(salary), MAX(salary);

ERROR at line 4:
ORA-00934: group function is not allowed here
```

[예제] 인라인 뷰와 조인 : FROM 절의 인라인 뷰는 테이블처럼 다른 테이블과 조인할 수 있다.

[1] 각 부서별 최고 급여보다 더 적은 급여를 받는 사원의 정보를 표시한다. 인라인 뷰의 각 부서별 최고 급여와 employees 테이블을 조인하고, 인라인 뷰의 각 부서의 최고 급여보다 적은 급여의 사원을 표시한다.

[2] 모든 부서 이름과 부서별 사원 수를 표시한다. 인라인 뷰의 부서별 사원 수와 departments 테이블을 RIGHT OUTER JOIN한다. departments 테이블을 먼저 읽기 때문에 사원이 없는 모든 부서도 표시한다.

[예제1] 인라인 뷰와 오라클 등가 조인

```
SELECT a.last_name, a.salary, a.department_id, b.maxsal
FROM employees a, (SELECT department_id, MAX(salary) maxsal
                   FROM employees
                   GROUP BY department_id) b
WHERE a.department_id = b.department_id
AND a.salary < b.maxsal;
```

```
LAST_NAME         SALARY    DEPARTMENT_ID    MAXSAL
---------------   ------    -------------    ------
Faviet            9000                100     12008
...
Lorentz           4200                 60      9000
95 rows selected.
```

[예제2] 인라인 뷰와 RIGHT OUTER JOIN

```
SELECT d.department_name, e.emp_cnt
FROM (SELECT department_id, COUNT(*) emp_cnt
      FROM employees
      GROUP BY department_id) e RIGHT OUTER JOIN departments d
ON e.department_id = d.department_id;
```

```
DEPARTMENT_NAME       EMP_CNT
-------------------   -------
Administration              1
Marketing                   2
...
Treasury
Corporate Tax
...
27 rows selected.
```

[예제] 서브쿼리와 ORDER BY 절 : 서브쿼리의 ORDER BY 절은 서브쿼리의 종류
에 따라 사용이 가능하거나 제한된다.

[1] SELECT 절의 Scalar Subquery 내에는 ORDER BY를 사용할 수 없다.

[2] 인라인 뷰에서는 ORDER BY를 사용할 수 있다. employees 테이블에서 하위 급여자 10명의 last_name, salary를 표시한다.

[3] 가장 일반적으로 사용하는 Nested Subquery 내에는 ORDER BY를 사용할 수 없다.

[4] 서브쿼리로 테이블을 생성하는 CTAS에서는 ORDER BY를 사용할 수 있다. employees 테이블을 salary로 정렬하여 sort_emp 테이블을 생성한다.

[5] Insert 서브쿼리에서는 ORDER BY를 사용할 수 있다. employees 테이블을 salary로 정렬하여 sort_emp 테이블에 입력한다.

[예제 1] Scalar Subquery

```
SELECT last_name, (SELECT department_name
                   FROM departments d
                   WHERE d.department_id = e.department_id
                   ORDER BY salary)
FROM employees e;

ERROR at line 4:
ORA-00907: missing right parenthesis
```

[예제 2] 인라인 뷰

```
SELECT *
FROM   (SELECT last_name, salary
        FROM employees
        ORDER BY salary)
WHERE rownum <= 10;

LAST_NAME        SALARY
---------------  ------
Olson            2100
Markle           2200
...
10 rows selected.
```

[예제 3] Nested Subquery

```
SELECT last_name, salary
FROM employees
WHERE salary in (SELECT salary
                 FROM employees
                 ORDER BY salary);

ERROR at line 5:
ORA-00907: missing right parenthesis
```

[예제 4] CTAS

```
CREATE TABLE sort_emp
AS
SELECT *
FROM employees
ORDER BY salary;
```

[예제 5] Insert 서브쿼리

```
INSERT INTO sort_emp
SELECT *
FROM employees
ORDER BY salary;
```

[예제] CASE 표현식 내 서브쿼리 : employees 테이블에서 last_name과 사원의 salary 가 SA_REP의 평균 급여보다 많으면 HIGH로, 적으면 LOW로 표시한다. CASE 표현식 내 서브쿼리에서 job_id 'SA_REP'의 AVG(salary)로 8350이 반환된다. 결국 salary가 8350 이상이면 HIGH, 그렇지 않으면 LOW를 표시한다.

```
SELECT last_name, CASE WHEN salary >= (SELECT AVG(salary)
                                       FROM employees
                                       WHERE job_id = 'SA_REP')
                  THEN 'HIGH'
                  ELSE 'LOW'
                  END SALARY_REMARK
FROM employees;

LAST_NAME          SALA
---------------    ----
OConnell           LOW
...
Hartstein          HIGH
...
107 rows selected.
```

[예제] 서브쿼리와 비등가 조인 : 서브쿼리와 비등가 조인을 사용한다. 아래 예제의 결과는 다르다.

[1] 최고 급여의 등급과 같은 사원의 last_name, grade_level을 표시한다. WHERE 절 스칼라 서브쿼리에서 MAX(salary)는 24000이고, job_grades 테이블과 비등가 조인하여 grade_level E를 반환한다. 결국 grade_level = 'E' AND salary BETWEEN lowest_sal and highest_sal 조건이 되어, 최고 등급 E의 사원을 표시한다.

[2] 최고 급여 사원의 last_name, grade_level을 표시한다. WHERE 절의 단순 서브쿼리에서 MAX(salary)는 24000이므로, salary = 24000 AND salary BETWEEN lowest_sal and highest_sal 조건이 되어, 최고 급여 24000인 사원을 표시한다.

[예제 1] 스칼라 서브쿼리와 비등가 조인

```
SELECT last_name, grade_level
FROM employees, job_grades
WHERE (SELECT MAX(salary)
       FROM employees) BETWEEN lowest_sal and highest_sal
AND salary BETWEEN lowest_sal and highest_sal;

LAST_NAME        GRA
--------------   ---
King             E
Kochhar          E
De Haan          E
```

[예제 2] 단순 서브쿼리

```
SELECT last_name, grade_level
FROM employees, job_grades
WHERE salary = (SELECT MAX(salary)
                FROM employees)
AND salary BETWEEN lowest_sal and highest_sal;

LAST_NAME        GRA
--------------   ---
King             E
```

【 학습 내용 및 출제 범위 】

- 집합 연산자 유형
- 집합 연산자 사용

8

집합 연산자

8.1 집합 연산자 유형

둘 이상의 쿼리에 집합 연산자를 사용하여 하나의 결과로 결합할 수 있다.

- UNION ALL : 여러 쿼리의 모든 행을 반환한다. 중복은 반복 표시한다.
- UNION : 여러 쿼리의 모든 행을 반환한다. 중복은 한 번만 표시한다.
- INTERSECT : 여러 쿼리의 중복된 모든 행을 반환한다.
- MINUS : 첫 번째 쿼리에서 다른 쿼리와 중복된 부분을 제거한 후, 첫 번째 쿼리의 모든 행을 반환한다.

[예제] 집합 연산자 : 집합 연산자를 사용하여 결과를 표시한다.

[1] UNION ALL : un1 테이블 쿼리 결과와 un2 테이블 쿼리 결과의 모든 행을 표시한다. 중복된 2는 반복 표시한다.

[2] UNION : un1 테이블 쿼리 결과와 un2 테이블 쿼리 결과의 모든 행을 표시한다. 중복된 2는 한번만 표시한다.

[3] INTERSECT : un1 테이블 쿼리 결과와 un2 테이블 쿼리 결과의 중복된 행인 2를 표시한다.

[4] MINUS : un1 테이블 쿼리 결과에서 un2 테이블 쿼리 결과와 중복된 부분을 제거한 후, un1에 속한 1을 표시한다.

```
CREATE TABLE un1(id NUMBER);
CREATE TABLE un2(id NUMBER);

INSERT INTO un1 VALUES(1);
INSERT INTO un1 VALUES(2);
INSERT INTO un2 VALUES(2);
INSERT INTO un2 VALUES(3);

SELECT id FROM un1;

        ID
----------
         1
         2

SELECT id FROM un2;

        ID
----------
         2
         3
```

[예제 1] UNION ALL

```
SELECT id FROM un1
UNION ALL
SELECT id FROM un2;

        ID
----------
         1
         2
         2
         3
```

[예제 2] UNION

```
SELECT id FROM un1
UNION
SELECT id FROM un2;

        ID
----------
         1
         2
         3
```

[예제 3] INTERSECT

```
SELECT id FROM un1
INTERSECT
SELECT id FROM un2;

        ID
----------
         2
```

[예제 4] MINUS

```
SELECT id FROM un1
MINUS
SELECT id FROM un2;

        ID
----------
         1
```

[예제] MINUS : employees 테이블의 id에서 job_history 테이블의 id를 뺀 결과를 표시한다. employees 테이블은 현재 근무 정보이고, job_history 테이블은 과거 근무 정보이므로 근무 변경 이력이 전혀 없는 사원의 employee_id를 표시한다.

```
SELECT employee_id
FROM employees
MINUS
SELECT employee_id
FROM job_history;

EMPLOYEE_ID
-----------
        100
        103
...
100 rows selected.
```

[예제] INTERSECT, MINUS : INTERSECT와 MINUS를 사용하여 원하는 결과를 표시한다.

[1] 사원이 있는 부서 중에서 사원의 근무 변경 이력이 없는 부서의 department_

id를 표시한다. departments 테이블과 employees 테이블의 INTERSECT가 먼저 적용되어, 사원이 있는 부서를 반환한다. 그 결과에서 job_history 테이블의 결과를 MINUS하여 사원의 근무 변경 이력이 없는 부서를 표시한다.

[2] job_id가 SA_REP가 아닌 모든 사원의 job_id를 표시한다. 첫 번째 employees 테이블의 모든 job_id에서 두 번째 employees 테이블의 job_id가 'SA_REP'인 행을 제외한 결과를 표시한다.

[3] job_id가 SA_REP가 아닌 모든 사원의 job_id를 표시한다. 첫 번째 employees 테이블의 모든 job_id에서 두 번째 employees 테이블의 job_id가 'SA_REP'가 아닌 것과 중복된 결과를 표시한다.

[예제 1] INTERSECT, MINUS

```
SELECT department_id FROM departments
INTERSECT
SELECT department_id FROM employees
MINUS
SELECT department_id FROM job_history;
```

```
DEPARTMENT_ID
-------------
           10
           30
           40
           70
          100
```

[예제 2] MINUS

```
SELECT job_id
FROM employees
MINUS
SELECT job_id
FROM employees
WHERE job_id = 'SA_REP';
```

```
JOB_ID
-------------
AC_ACCOUNT
AC_MGR
...
18 rows selected.
```

[예제 3] INTERSECT

```
SELECT job_id
FROM employees
INTERSECT
SELECT job_id
FROM employees
WHERE job_id <> 'SA_REP';
```

```
JOB_ID
-------------
AC_ACCOUNT
AC_MGR
...
18 rows selected.
```

[예제] 집합 연산자, 조인 : 집합 연산자나 조인을 사용하여 사원이 있는 부서를 표시한다.

[1] departments 테이블의 department_id와 employees 테이블의 department_id 의 교집합을 표시한다. departments 테이블의 department_id는 모든 department_id이지만, employees 테이블의 department_id는 사원이 있는 부서이기 때문에, 두 결과의 교집합은 사원이 있는 부서를 중복없이 표시한다.

[2] departments, employees 테이블을 조인하여 고유한 department_id를 표시한다. 사원이 있는 부서만을 조인한 후, DISTINCT를 사용하여 중복된 department_id를 제거하고, 사원이 있는 부서만 중복없이 표시한다.

[예제 1] INTERSECT

```
SELECT department_id
FROM departments
INTERSECT
SELECT department_id
FROM employees;
```

```
DEPARTMENT_ID
-------------
           10
...
          110
11 rows selected.
```

[예제 2] 조인

```
SELECT DISTINCT d.department_id
FROM departments d JOIN employees e
ON d.department_id = e.department_id;

DEPARTMENT_ID
-------------
           10
...
          110
11 rows selected.
```

8.2 집합 연산자 사용

- SELECT 절에 있는 컬럼의 개수 및 데이터 유형이 일치해야 한다. 컬럼 이름이 동일할 필요는 없다.
- ORDER BY 절은 마지막 문장에 한 번만 올 수 있다. ORDER BY 절에 첫 번째 문장의 컬럼 이름이나 별칭, 컬럼 위치자(SELECT 절의 컬럼 순서)를 사용한다.
- UNION ALL을 제외하고 결과는 기본적으로 오름차순으로 정렬된다.
- UNION ALL을 제외하고 중복값 검사 시 널 값은 무시된다.

[예제] 쿼리 결과 결합 : UNION ALL을 사용하여 employees 테이블에서는 현재 근무하고 있는 사원의 결과와 job_history 테이블에서는 사원 근무 이력의 결과를 결합하여 표시한다.

```
SELECT employee_id, job_id, department_id
FROM employees
UNION ALL
SELECT employee_id, job_id, department_id
FROM job_history;

EMPLOYEE_ID  JOB_ID     DEPARTMENT_ID
-----------  ---------  -------------
        198  SH_CLERK              50
        199  SH_CLERK              50
...
117 rows selected.
```

[예제] 집합 연산자의 SELECT 절 : 집합 연산자를 사용하는 경우, SELECT 절에 있는 컬럼의 개수 및 데이터 유형을 일치시켜야 한다

[1] employees, departments 테이블에서 department_id, salary, hire_date, location_id를 표시한다. department_id는 두 테이블에 모두 존재하므로 상관없다. salary는 employees 테이블에만 있기 때문에 departments 테이블에서는 컬럼의 개수와 데이터 유형을 맞추기 위해 TO_NUMBER(null)를 사용했고, hire_date 역시 departments 테이블에 없기 때문에 TO_DATE(null)를 사용했다. 반대로 location_id는 departments 테이블에만 있기 때문에, employees 테이블에서 TO_NUMBER(null)를 사용하여 컬럼의 개수와 데이터 유형을 일치시켰다.

[2] employees, departments 테이블에서 department_id, salary, hire_date, location_id를 표시한다. 컬럼 개수와 데이터 유형을 맞추기 위해 NULL을 사용하였다. NULL은 모든 데이터 유형에 가능하기 때문에 예제 1과 같이 변환 함수를 쓰지 않고 단독으로 사용할 수 있다.

[3] employees, departments 테이블에서 department_id, salary, hire_date, location_id를 표시한다. 컬럼 개수와 데이터 유형을 맞추기 위해, NULL 대신 특정 값을 사용하였다. salary에는 NULL 대신 0, hire_date에는 NULL 대신 SYSDATE, location_id에는 9999가 각각 표시된다.

[4] employees 테이블에서는 department_id, salary 컬럼을, departments 테이블에서는 department_id 컬럼만을 사용하여 컬럼 개수가 맞지 않아 에러가 발생한다.

[5] employees, departments 테이블에서 department_id, salary, department_name을 표시한다. salary와 department_name은 데이터 유형이 다르므로 에러가 발생한다. department_name을 숫자로 변환할 수 없기 때문에, salary를 문자로 변환하는 TO_CHAR(salary)를 사용하여 데이터 유형을 일치시킨다.

[예제1] 변환 함수 사용

```
SELECT department_id, salary, hire_date, TO_NUMBER(null)
FROM employees
UNION ALL
SELECT department_id, TO_NUMBER(null), TO_DATE(null), location_id
FROM departments;

DEPARTMENT_ID  SALARY  HIRE_DATE   TO_NUMBER(NULL)
-------------  ------  ---------   ---------------
           50    2600  21-JUN-07
...
           10                                 1700
...
134 rows selected.
```

[예제2] NULL 사용

```
SELECT department_id, salary, hire_date, NULL
FROM employees
UNION ALL
SELECT department_id, NULL, NULL, location_id
FROM departments;

DEPARTMENT_ID  SALARY  HIRE_DATE   NULL
-------------  ------  ---------   -------
           50    2600  21-JUN-07
...
           10                      1700
...
134 rows selected.
```

[예제3] 특정 값(리터럴 또는 함수) 사용

```
SELECT department_id, salary, hire_date, 9999
FROM employees
UNION ALL
SELECT department_id, 0, SYSDATE, location_id
FROM departments;

DEPARTMENT_ID  SALARY  HIRE_DATE   9999
-------------  ------  ---------   -------
           50    2600  21-JUN-07   9999
...
           10       0  25-JUL-14   1700
...
134 rows selected.
```

[예제 4] 컬럼 개수 불일치

```
SELECT department_id, salary
FROM employees
UNION ALL
SELECT department_id
FROM departments;

ERROR at line 1:
ORA-01789: query block has incorrect number of result columns
```

[예제 5-틀린 예제] 데이터 타입 불일치

```
SELECT department_id, salary
FROM employees
UNION ALL
SELECT department_id, department_name
FROM departments;

ERROR at line 1:
ORA-01790: expression must have same datatype as corresponding
expression
```

[예제 5-맞는 예제]

```
SELECT department_id, TO_CHAR(salary)
FROM employees
UNION ALL
SELECT department_id, department_name
FROM departments;

DEPARTMENT_ID  TO_CHAR(SALARY)
-------------  --------------------
           50  2600
...
           10  Administration
...
134 rows selected.
```

[예제] 집합 연산자의 ORDER BY 절 : employees 테이블에서 10, 20번 부서의 employee_id, department_id, last_name을 표시한다. 집합 연산자의 ORDER BY 절은 마지막 문장에만 사용할 수 있고, ORDER BY 절에는 첫 번째 문장의 컬럼 이름이나 별칭, 컬럼 위치자를 사용해야 한다.

[1] 첫 번째 문장에 ORDER BY 절을 사용하여 에러가 발생한다. ORDER BY 절

을 마지막에 사용하도록 수정하고, 2 DESC, 즉 SELECT 절의 두 번째 컬럼인 department_id로 내림차순 정렬한다.

[2] ORDER BY 절에 첫 문장의 컬럼 이름인 employee_id를 사용했다.

[3] ORDER BY 절에 첫 문장의 컬럼 별칭인 "Last Name"을 사용했다.

[4] ORDER BY 절에 컬럼 위치자 1, 2를 사용하여, SELECT 절의 첫 번째 employee_id, 두 번째 last_name 컬럼으로 오름차순 정렬한다.

[5] ORDER BY 절에 두번째 문장의 컬럼 별칭을 사용하여 에러가 발생한다.

[예제 1-틀린 예제] 첫번째 문장에 ORDER BY 절 사용

```
SELECT employee_id, department_id
FROM employees
WHERE department_id = 10
ORDER BY 2 DESC
UNION ALL
SELECT employee_id, department_id
FROM employees
WHERE department_id = 20;

ERROR at line 5:
ORA-00933: SQL command not properly ended
```

[예제 1-맞는 예제]

```
SELECT employee_id, department_id
FROM employees
WHERE department_id = 10
UNION ALL
SELECT employee_id, department_id
FROM employees
WHERE department_id = 20
ORDER BY 2 DESC;

EMPLOYEE_ID   DEPARTMENT_ID
-----------   -------------
        201              20
        202              20
        200              10
```

[예제 2] 첫번째 문장의 컬럼 이름 사용

```
SELECT employee_id, last_name "Last Name"
FROM employees
WHERE department_id = 10
UNION
SELECT employee_id EMP_NO, last_name
FROM employees
WHERE department_id = 20
ORDER BY employee_id;

EMPLOYEE_ID  Last Name
-----------  ---------
        200  Whalen
        201  Hartstein
        202  Fay
```

[예제3] 첫번째 문장의 컬럼 별칭 사용

```
SELECT employee_id, last_name "Last Name"
FROM employees
WHERE department_id = 10
UNION
SELECT employee_id EMP_NO, last_name
FROM employees
WHERE department_id = 20
ORDER BY "Last Name";

EMPLOYEE_ID  Last Name
-----------  ---------
        200  Whalen
        201  Hartstein
        202  Fay
```

[예제4] 컬럼 위치자 사용

```
SELECT employee_id, last_name "Last Name"
FROM employees
WHERE department_id = 10
UNION
SELECT employee_id EMP_NO, last_name
FROM employees
WHERE department_id = 20
ORDER BY 1, 2;

EMPLOYEE_ID  Last Name
-----------  ---------
        200  Whalen
        201  Hartstein
        202  Fay
```

[예제 5] 두번째 문장의 컬럼 별칭 사용

```
SELECT employee_id, last_name "Last Name"
FROM employees
WHERE department_id = 10
UNION
SELECT employee_id EMP_NO, last_name
FROM employees
WHERE department_id = 20
ORDER BY EMP_NO;

ERROR at line 8:
ORA-00904: "EMP_NO": invalid identifier
```

【 학습 내용 및 출제 범위 】

- INSERT 문
- UPDATE 문
- DELETE 문
- MERGE 문
- TRUNCATE 문
- 트랜잭션 제어
- SELECT FOR UPDATE 절

9

DML

9.1 DML(데이터 조작어)

- 테이블에 행을 입력(INSERT), 수정(UPDATE), 삭제(DELETE)한다.
- 테이블의 구조는 변경하지 못한다.

9.2 INSERT 문

> **구문**
>
> INSERT INTO table_name [(column [, column...])]
> VALUES (value [, value...])

- 테이블에 한 행을 입력한다.
- 문자나 날짜는 작은따옴표로 묶어야 한다.

[예제] member 테이블에 데이터를 입력한다.

[1] INSERT INTO 절에 입력할 컬럼 이름을 나열하고, VALUES 절에 컬럼에 대응하는 값을 사용한다.

[2] INSERT INTO 절에 입력할 컬럼 이름을 생략하고, VALUES 절에 테이블의 컬럼 순서대로 대응하는 값을 사용한다.

```
CREATE TABLE member
(id NUMBER,
name VARCHAR2(20),
phone VARCHAR2(13));
```

[예제1] 입력할 컬럼 이름 사용

```
INSERT INTO member(id, name, phone)
VALUES(1, 'Sun', '010-1234-5678');
```

[예제2] 컬럼 이름 생략

```
INSERT INTO member
VALUES(2, 'Moon', '010-8765-4321');
```

9.3 치환 변수(&) 사용

- 치환 변수를 사용하여 입력 시 값을 결정할 수 있도록 스크립트를 작성할 수 있다.
- 치환 변수 이름에 &(앰퍼샌드) 기호를 사용한다.
- 문자나 날짜는 작은 따옴표로 묶어야 한다.

[예제] 치환 변수 dept_id, dname을 사용하여 departments 테이블에 새 행을 입력한다. dept_id, dname에 입력 값을 요청하는 프롬프트가 나오면 300, SALES를 사용했다.

```
INSERT INTO departments(department_id, department_name)
VALUES (&dept_id, '&dname');

Enter value for dept_id: 300
Enter value for dname: SALES
old   2: VALUES (&dept_id, '&dname')
new   2: VALUES (300, 'SALES')

1 row created.
```

9.4 서브쿼리 INSERT 문

> **구문**
> INSERT INTO table_name [column (, column)]
> subquery

- 서브쿼리에서 반환되는 행들을 입력할 수 있다.
- VALUES 절을 사용하지 않는다.
- INSERT 절의 컬럼 개수를 서브쿼리의 컬럼 개수와 일치시켜야 한다.

[예제] 서브쿼리 INSERT : 서브쿼리에 employees 테이블을 사용하여 new_emp1 테이블의 empid, name, deptid에 해당하는 값을 입력한다. 서브쿼리의 first_name ||',' ||last_name은 이름이 쉼표로 구분되어 new_emp1 테이블의 name 컬럼에 입력된다. 서브쿼리 INSERT에 VALUES 절을 사용하면 에러가 발생한다.

[틀린 예제]
```
CREATE TABLE new_emp1
(empid NUMBER, name VARCHAR2(60), deptid NUMBER);

INSERT INTO new_emp1
VALUES(SELECT employee_id, first_name ||','||last_name, department_id
      FROM employees
      WHERE employee_id > 200);

ERROR at line 2:
ORA-00936: missing expression
```

[맞는 예제]
```
INSERT INTO new_emp1
SELECT employee_id, first_name ||','||last_name, department_id
FROM employees
WHERE employee_id > 200;
```

[예제] 서브쿼리 INSERT : emp3 테이블의 id, name, hdate, job_id에 값을 입력한다. Jod_id는 서브쿼리에 employees 테이블을 사용하여 급여가 8000인 Smith의 직무를 질의하여 입력한다.

```
CREATE TABLE emp3
(id NUMBER, name VARCHAR2(25), hdate DATE, job_id VARCHAR2(20));

INSERT INTO emp3
VALUES (1, 'King', SYSDATE, (SELECT job_id
                             FROM employees
                             WHERE last_name = 'Smith'
                             AND salary = 8000));
```

9.5 날짜 및 시간 값 입력

- SYSDATE 함수 사용 : 입력 시점의 정확한 날짜 및 시간을 입력한다.
- TO_DATE 변환 함수 사용 : 문자를 날짜로 변환하여 입력한다.
- 날짜 형식 문자 사용 : 날짜 형식에 맞는 문자 값을 직접 입력한다. 날짜 형식이 맞지 않으면 에러가 발생한다. 디폴트 날짜 형식은 DD-MON-RR이다.

[예제] 날짜 및 시간 값 입력 : test_t 테이블에 다양한 방법으로 날짜를 입력한다.

[1] SYSDATE 함수를 사용하여 현재 날짜 및 시간을 입력한다.

[2] TO_DATE 변환 함수를 사용하여 날짜 및 시간을 입력한다. 변환할 날짜 형식을 지정하지 않으면 시스템 기본 날짜 형식과 호환 가능해야 에러가 발생하지 않는다. 그렇지 않으면 입력할 날짜 및 시간 형식을 지정해야 한다.

[3] 날짜 형식 문자를 사용하여 값을 입력하려면 기본 날짜 형식과 호환 가능해야 한다. 날짜 형식이 다르면 에러가 발생한다. 기본 날짜 형식을 사용하거나, TO_DATE 변환 함수를 사용한다.

```
CREATE TABLE test_t
(id NUMBER, sdate DATE);
```

[예제 1] SYSDATE 함수 사용

```
INSERT INTO test_t
VALUES(1, SYSDATE);
```

[예제 2-틀린 예제] TO_DATE 변환 함수 사용

```
INSERT INTO test_t
VALUES(2, TO_DATE('2014-12-01 07:10:23'));

ERROR at line 2:
ORA-01861: literal does not match format string
```

[예제 2-맞는 예제]

```
INSERT INTO test_t
VALUES(2, TO_DATE('2014-12-01 07:10:23','YYYY-MM-DD HH24:MI:SS'));
```

[예제 3-틀린 예제] 날짜 형식 문자 사용

```
INSERT INTO test_t
VALUES(3, '2014-12-01');

ERROR at line 2:
ORA-01861: literal does not match format string
```

[예제 3-맞는 예제]

```
INSERT INTO test_t
VALUES(3, '01-DEC-14');
```

9.6 UPDATE 문

> **구문**
>
> UPDATE table_name
> SET column = value [, column = value, ...]
> [WHERE condition]

- 테이블의 기존 데이터를 컬럼 단위로 수정한다.

[예제] UPDATE : employees 테이블에서 200번 사원의 salary는 7000, job_id는 SA_REP로 수정한다.

```
UPDATE employees
SET salary = 7000, job_id = 'SA_REP'
WHERE employee_id = 200;
```

[예제] NULL 값으로 UPDATE : employees 테이블에서 commission_pct가 널인 사원의 급여를 널로 수정한다.

```
UPDATE employees
SET salary = NULL
WHERE commission_pct IS NULL;
```

[예제] 서브쿼리 UPDATE : 다양한 서브쿼리를 사용하여 테이블을 수정한다.

[1] UPDATE 절에 서브쿼리를 사용하여 emp1 테이블에서 WHERE 절 department_id가 서브쿼리의 departments 테이블의 department_name이 Administration인 부서의 hire_date를 SYSDATE로 수정한다.

[2] employees에서 200번 사원을, SET 절에 employees 테이블을 서브쿼리로 사용하여 salary는 100번 사원과 같고, job_id는 150번 사원과 같도록 수정한다.

[3] emp5 테이블에서 WHERE 절의 dept_id는 dept5 테이블의 loc_id 1400 또는 1500과 같은 조건의 사원을, SET 절의 dept_id는 dept5 테이블의 loc_id 1800과 같은 값으로 수정하고, sal과 comm은 emp5, dept5 테이블에서 loc_id가 1800, 2400, 2500의 평균과 같도록 변경한다.

[예제 1] UPDATE, WHERE 절에 서브쿼리

```
CREATE TABLE emp1
AS
SELECT * FROM employees;

UPDATE (SELECT *
        FROM emp1)
SET hire_date = SYSDATE
WHERE department_id = (SELECT department_id
                       FROM departments
                       WHERE department_name = 'Administration');
```

[예제 2] SET 절에 서브쿼리

```
UPDATE employees
SET salary = (SELECT salary
              FROM employees
              WHERE employee_id = 100),
    job_id = (SELECT job_id
              FROM employees
              WHERE employee_id = 150)
WHERE employee_id = 200;
```

[예제 3] SET, WHERE 절에 서브쿼리

```
CREATE TABLE emp5
AS
SELECT last_name name, salary sal, commission_pct comm,
       department_id dept_id
FROM employees;

CREATE TABLE dept5
AS
SELECT department_id dept_id, location_id loc_id
FROM departments;

UPDATE emp5
SET dept_id = (SELECT dept_id
               FROM dept5
               WHERE loc_id = 1800),
    (sal, comm) = (SELECT AVG(sal), AVG(comm)
                   FROM emp5, dept5
                   WHERE emp5.dept_id = dept5.dept_id
                   AND dept5.loc_id IN(1800, 2400, 2500))
WHERE dept_id IN (SELECT dept_id
                  FROM dept5
                  WHERE loc_id = 1400
                  OR loc_id = 1500);
```

9.7 DELETE 문

▶ 구문

DELETE [FROM] table_name
[WHERE condition]

- 테이블의 구조와 저장 영역(extent)은 남겨두고 행만 삭제한다.
- 행 단위 삭제만 가능하며, 특정 컬럼의 데이터만 삭제할 수 없다.
- 한 번에 하나의 테이블만 삭제할 수 있다.
- 롤백할 수 있다.
- 기본키(Primary Key)가 있어도 참조하는 외래키(Foreign Key)에 해당하는 데이터가 없으면 기본키의 데이터를 삭제할 수 있다.
- 외래키(Foreign Key)에 ON DELETE 규칙이 있는 테이블도 삭제할 수 있다.

[예제] DELETE 문 : emp 테이블에서 deptno가 10에 해당하는 모든 행을 삭제한다.

```
DELETE FROM emp
WHERE deptno = 10;
```

[예제] DELETE 문 : emp 테이블의 모든 행을 삭제한다.

```
DELETE FROM emp;
```

[예제] 서브쿼리 DELETE : 서브쿼리를 사용하여 emp2 테이블에서 department_id가 20 또는 30에 속하는 사원을 삭제한다.

[1] WHERE 절의 department_id 조건을 분리하여 employees 테이블의 department_id가 20 또는 30인 조건에 만족하는 행들을 emp2 테이블에서 삭제한다.

[2] employees 테이블의 department_id가 OR로 분리된 조건의 20 또는 30에 만족하는 행들을 emp2 테이블에서 삭제한다.

[3] employees 테이블의 department_id가 IN(20, 30)인 조건에 만족하는 행들을 emp2 테이블에서 삭제한다.

```
CREATE TABLE emp2
AS
SELECT * FROM employees;
```

[예제 1] WHERE 절 조건 분리의 서브쿼리

```
DELETE FROM emp2
WHERE department_id IN (SELECT department_id
                        FROM employees
                        WHERE department_id = 20)
OR department_id IN (SELECT department_id
                     FROM employees
                     WHERE department_id = 30);
```

[예제 2] WHERE 절의 서브쿼리

IN 연산자 내 조건 분리
```
DELETE FROM emp2
WHERE department_id IN (SELECT department_id
                        FROM employees
                        WHERE department_id = 20
                        OR department_id = 30);
```

[예제 3] WHERE 절의 서브쿼리

```
DELETE FROM emp2
WHERE department_id IN (SELECT department_id
                        FROM employees
                        WHERE department_id IN (20, 30));
```

[예제] 서브쿼리 DELETE : emp4 테이블에서 10년(10*365) 전에 입사(SYSDATE - 10*365 >= hire_date)한 사원을 삭제한다.

```
CREATE TABLE emp4
AS
SELECT * FROM employees;

DELETE FROM emp4
WHERE employee_id IN (SELECT employee_id
                      FROM emp4
                      WHERE SYSDATE - 10*365 >= hire_date);
```

9.8 MERGE 문

> **구문**
>
> MERGE INTO target_table alias
> USING (table|view|subquery) alias
> ON (join condition)
> WHEN MATCHED THEN
> UPDATE SET
> col1 = col1_val,
> ...
> DELETE WHERE
> WHEN NOT MATCHED THEN
> INSERT (column_list)
> VALUES (column_values)

- 다른 데이터(테이블, 뷰, 서브쿼리)를 이용하여 대상(Target) 테이블에 입력, 수정, 삭제할 수 있다.

[예제] MERGE : new_emp 테이블에 employees 테이블을 이용하여 병합한다. ON 절의 조인 조건을 사용하여 employees 테이블과 일치하는 값이 있으면 e.first_name ||','|| e.last_name 형식으로 name 값을 수정하고, 일치하는 값이 없으면 VALUES 절과 같이 employee_id, e.first_name ||','||e.last_name 값을 new_emp 테이블에 입력한다.

```
CREATE TABLE new_emp
(empid NUMBER, name VARCHAR2(60));

MERGE INTO new_emp c
USING employees e
ON (c.empid = e.employee_id)
WHEN MATCHED THEN
UPDATE SET
name = e.first_name ||','|| e.last_name
WHEN NOT MATCHED THEN
INSERT
VALUES(e.employee_id, e.first_name ||','||e.last_name);
```

9.9 TRUNCATE 문

> **구문**
> TRUNCATE TABLE table_name

- 테이블 구조와 초기 저장 영역(Initial Extent)은 남겨두고, 나머지 저장 영역과 모든 행을 제거한다.
- DDL 유형으로서 롤백 정보를 생성하지 않으며, 롤백되지 않는다.
- 테이블 소유자이거나 DELETE ANY TABLE 시스템 권한이 필요하다.

[예제] TRUNCATE : dept1 테이블을 TRUNCATE하고 결과를 확인한다.

[1] dept1 테이블을 TRUNCATE한다. 모든 데이터가 삭제되고 더 이상 롤백되지 않는다.

[2] dept1 테이블을 질의하여, 모든 행이 삭제된 것을 확인할 수 있다.

[3] ROLLBACK을 실행한다. 하지만 아무 작용없는 무의미한 롤백이다.

[4] ROLLBACK 결과를 확인하기 위하여 dept1 테이블을 질의한다. 롤백된 것이 없음을 확인할 수 있다.

[5] DESCRIBE를 사용하여 dept1 테이블의 구조는 그대로 있음을 확인한다.

```
CREATE TABLE dept1
AS
SELECT * FROM departments;

SELECT COUNT(*) FROM dept1;

COUNT(*)
----------
        27
```

[예제 1] TRUNCATE

```
TRUNCATE TABLE dept1;

Table truncated.
```

[예제 2] TRUNCATE 결과 확인

```
SELECT COUNT(*) FROM dept1;

  COUNT(*)
----------
         0
```

[예제 3] ROLLBACK

```
ROLLBACK;

Rollback complete;
```

[예제 4] ROLLBACK 결과 확인

```
SELECT COUNT(*) FROM dept1;

  COUNT(*)
----------
         0
```

[예제 5] 테이블 구조 확인

```
DESCRIBE dept1;

Name                          Null?     Type
----------------------------- --------- --------------------
DEPARTMENT_ID                           NUMBER(4)
DEPARTMENT_NAME               NOT NULL  VARCHAR2(30)
MANAGER_ID                              NUMBER(6)
LOCATION_ID                             NUMBER(4)
```

9.10 트랜잭션 제어

- 트랜잭션이란 논리적 작업 단위로 이루어진 DML의 모음을 의미한다.
- 명시적 트랜잭션 제어문
  - COMMIT : 데이터 변경 사항을 영구적으로 반영하고 트랜잭션을 종료한다.
  - ROLLBACK : 데이터 변경 사항을 취소하고 트랜잭션을 종료한다.
  - SAVEPOINT savepoint_name : 현재 지점에 논리적인 저장점을 생성한다. DML 문 롤백에만 사용할 수 있다.
  - ROLLBACK TO [SAVEPOINT] savepoint_name : 저장점 이후의 데이터 변경

사항을 취소하고 저장점을 삭제한다.
- 트랜잭션 시작 : 다음 중 하나로 트랜잭션이 시작된다.
  - 최초의 DML 문 실행으로 트랜잭션이 시작된다.
  - DDL 문 실행 : DDL 문은 내부적으로 COMMIT이 포함되어 트랜잭션 시작과 동시에 트랜잭션이 종료된다.
  - DCL 문 실행 : DCL 문은 내부적으로 COMMIT이 포함되어 트랜잭션 시작과 동시에 트랜잭션이 종료된다.
- 트랜잭션 종료 : 다음 중 하나로 트랜잭션이 종료된다.
  - 명시적으로 COMMIT 또는 ROLLBACK 문을 실행하면 트랜잭션이 종료된다.
  - DDL, DCL 문 실행 : DML 문 실행 후, 커밋이나 롤백되지 않은 상태에서 DDL 또는 DCL 문을 실행하면 그 DML이 자동 커밋된다.
  - 데이터베이스 접속 정상 종료 : EXIT 등으로 데이터베이스 접속을 정상 종료하면 커밋되지 않은 DML은 자동 커밋된다.
  - 데이터베이스 접속 비정상 종료 : 프로그램 또는 네트워크 중단 등으로 데이터베이스 접속을 비정상 종료하면 커밋되지 않은 DML은 자동 롤백된다.
  - 인스턴스 비정상 중단 : 데이터베이스 시스템의 오류 등으로 인스턴스가 비정상적으로 종료되면 커밋되지 않은 DML은 자동 롤백된다.

[예제] COMMIT, ROLLBACK, SAVEPOINT : COMMIT, ROLLBACK, SAVEPOINT를 사용하여 트랜잭션을 제어한다.

[1] 앞의 두 INSERT에 SAVEPOINT a를 생성한다.

[2] 앞의 UPDATE에 SAVEPOINT b를 생성한다.

[3] 앞의 DML을 COMMIT한다. SAVEPOINT a, b는 모두 삭제된다.

[4] 앞에서 이미 삭제된 SAVEPOINT a로 ROLLBACK하면 에러가 발생한다.

```
CREATE TABLE test3
(id NUMBER, name VARCHAR2(10));

INSERT INTO test3 VALUES(1, 'A');
INSERT INTO test3 VALUES(2, 'B');
```

[예제 1] SAVEPOINT 생성

```
SAVEPOINT a;
SELECT * FROM test3;

    ID NAME
-------- -------
     1 A
     2 B

UPDATE test3 SET id = 3 WHERE id = 1;
```

[예제 2] SAVEPOINT 생성

```
SAVEPOINT b;
SELECT * FROM test3;

    ID NAME
------- -------
     3 A
     2 B

DELETE FROM test3 WHERE id = 2;
```

[예제 3] COMMIT 실행

```
COMMIT;
SELECT * FROM test3;

    ID NAME
------- -------
     3 A

DELETE FROM test3 WHERE id = 3;
```

[예제 4] ROLLBACK TO SAVEPOINT 실행

```
ROLLBACK TO SAVEPOINT a;

ERROR at line 1:
ORA-01086: savepoint 'A' never established in this session or is
invalid
```

9.11 SELECT FOR UPDATE 절

- FOR UPDATE 절을 사용하면 SELECT에 만족되는 행에 Lock(잠김)이 걸린다.
- SELECT 절에 특정 컬럼을 지정했어도, Lock은 행 단위이므로, 그 컬럼이 포함되는 행에 Lock이 걸린다.
- 일반적으로 PL/SQL 명시적 커서에서 수정 또는 삭제할 행에 미리 Lock을 걸기 위해 사용한다.
- SELECT 문의 마지막 절로, ORDER BY가 있는 경우 ORDER BY 앞이나 뒤에 올 수 있다.
- 단일 테이블 또는 여러 테이블에서 사용할 수 있다.
- 다른 세션에서 Lock된 행은 COMMIT이나 ROLLBACK으로 Lock이 해제되기 전까지 조회만 가능하고 수정 및 삭제가 되지 않는다.

[예제] 단일 테이블 SELECT FOR UPDATE : SELECT FOR UPDATE를 사용하여 Lock을 설정하고, COMMIT이나 ROLLBACK으로 Lock을 해제한다.

[1] employees 테이블에서 department_id가 80 보다 작은 행에 Lock을 건다. FOR UPDATE 절은 ORDER BY 절 전후에 사용할 수 있다.

[2] COMMIT이나 ROLLBACK을 사용하여 Lock을 해제한다.

[예제 1-1] SELECT FOR UPDATE

```
SELECT last_name, salary
FROM employees
WHERE department_id < 80
ORDER BY salary
FOR UPDATE;

LAST_NAME          SALARY
---------------    ------
Olson              2100
Philtanker         2200
...
61 rows selected.
```

[예제 1-2]

```
SELECT last_name, salary
FROM employees
WHERE department_id < 80
FOR UPDATE
ORDER BY salary;
```

```
LAST_NAME          SALARY
---------------    ------
Olson              2100
Philtanker         2200
...
61 rows selected.
```

[예제 2] Lock 해제

```
COMMIT;
```

또는

```
ROLLBACK;
```

[예제] 여러 테이블의 SELECT FOR UPDATE : employees와 departments 테이블에서 department_id가 80 보다 작은 행에 Lock을 건다. 두 테이블 모두에 Lock이 걸린다.

```
SELECT e.last_name, d.department_name
FROM employees e JOIN departments d
ON (e.department_id = d.department_id)
WHERE e.department_id < 80
FOR UPDATE
ORDER BY e.salary;
```

```
LAST_NAME          DEPARTMENT_NAME
---------------    ---------------
Olson              Shipping
Philtanker         Shipping
...
61 rows selected.
```

【 학습 내용 및 출제 범위 】

- 테이블 생성
- 데이터 유형
- 제약조건
- 테이블 변경
- 테이블 삭제

10

테이블 생성 및 관리

10.1 테이블 생성

> **구문**
> CREATE TABLE [schema.]table_name
> (column datatype [DEFAULT expr][, ...])

- 지정된 스키마 소유의 테이블을 생성한다. 스키마를 생략하면 테이블을 생성한 스키마 소유가 된다.
- 최대 1000개 컬럼을 가질 수 있다.
- DEFAULT : 입력 시 컬럼을 생략하면 널 값 대신에 DEFAULT로 지정된 값이 입력된다. DEFAULT 값으로 NULL을 사용할 수도 있다.
- 하나의 데이터베이스 내에 사용자가 다른, 같은 이름의 테이블이 존재할 수 있다.

10.2 테이블 및 컬럼 이름

- 문자, 숫자, 특수 기호 3개(_, $, #)만 포함할 수 있다.
- 문자로 시작해야 한다.
- 30바이트 이내의 길이를 사용해야 한다.
- Oracle 서버 예약어는 사용할 수 없다.

> **Note**
> Oracle 서버 예약어는 키워드로 되어 있으며, SQL Language Reference 부록이나 SQL*Plus에서 HELP RESERVED WORDS (SQL)을 입력하여 조회할 수 있다.

[예제] 테이블 이름 : 사용 가능한 테이블 이름은 문자, 숫자, 특수 기호(_, $, #)이고, 문자로 시작해야 한다.

[1] 사용 가능한 특수 기호(_, $, #)로 test_$# 테이블을 생성한다.

[2] 사용 불가능한 특수 기호(*)로 test*1 테이블 생성을 시도하면 에러가 발생한다.

[3] 테이블 이름을 30 바이트 이상 사용하여 테이블 생성을 시도하면 에러가 발생한다.

[4] Oracle 서버 예약어(SELECT)를 사용하여 테이블 생성을 시도하면 에러가 발생한다.

[5] 테이블 이름을 문자 이외로 시작하여 테이블 생성을 시도하면 에러가 발생한다.

[예제 1] 사용 가능 특수 기호 3개(_, $, #)
```
CREATE TABLE test_$# (c1 number);
```

[예제 2] 사용 불가능 특수 기호
```
CREATE TABLE test*1 (c1 number);

ERROR at line 1:
ORA-00922: missing or invalid option
```

[예제 3] 30 바이트 이상
```
CREATE TABLE test123456789012345678901234567 (c1 number);

ERROR at line 1:
ORA-00972: identifier is too long
```

[예제 4] Oracle 서버 예약어
```
CREATE TABLE SELECT (c1 number);

ERROR at line 1:
ORA-00903: invalid table name
```

[예제 5] 문자 이외로 시작하는 경우

```
CREATE TABLE 1test (c1 number);

ERROR at line 1:
ORA-00903: invalid table name
```

10.3 데이터 유형

- VARCHAR2(size) : 가변 길이 문자(최소 1, 최대 4,000). 사이즈를 반드시 지정해야 한다.
- CHAR[(size)] : 고정 길이 문자(기본 및 최소 1, 최대 2,000). 데이터 이외에 최대 크기만큼 공백으로 채워진다.
- NUMBER[(p,s)] : 전체 자릿수가 p, 소수점 이하 자릿수가 s인 숫자
- DATE : 날짜 및 시간
- TIMESTAMP[(f)] : 날짜 및 시간(소수 초(f) 기본 6자리, 최대 9자리)
- INTERVAL YEAR[(y)] TO MONTH : 년 월의 기간(년(y) 기본 2)
- INTERVAL DAY[(d)] TO SECOND[(f)] : 일 시 분 초의 기간(일(d) 기본 2, 소수 초(f) 기본 6)
- LONG : 가변 길이 문자(최대 2GB)
- CLOB : 가변 길이 문자(최대 4GB)
- RAW(size) : 가변 길이 바이너리(최대 2,000). 사이즈를 반드시 지정해야 한다.
- LONG RAW 가변 길이 바이너리 데이터(최대 2GB)
- BLOB : 가변 길이 바이너리 데이터(최대 4GB)
- BFILE : 운영체제에 저장된 바이너리 파일 위치(최대 4GB)
- ROWID : 테이블 행의 고유 주소를 나타내는 16진수 문자열

10.4 LONG 유형의 제한 사항

- 테이블 당 하나의 컬럼에만 LONG 유형을 사용할 수 있다.
- LONG 유형의 컬럼은 제약조건, GROUP BY 절, ORDER BY 절에 사용할 수 없다.
- LONG 유형의 컬럼이 있는 테이블은 CTAS(서브쿼리로 테이블 생성)를 사용할 수 없다.

[예제] 데이터 유형 : 다음과 같은 데이터 유형의 employ 테이블을 생성한다.

- c1 : 숫자 데이터 유형
- c2 : 문자 데이터 유형
- c3 : 날짜 데이터 유형
- c4 : 문자 데이터 유형, 기본값 'ABLE'
- c5 : CLOB 데이터 유형

```
CREATE TABLE employ
(c1 NUMBER,
c2 VARCHAR2(20),
c3 DATE,
c4 VARCHAR2(10) DEFAULT 'ABLE',
c5 CLOB);
```

[예제] INTERVAL 데이터 유형 : INTERVAL YEAR TO MONTH, INTERVAL DAY TO SECOND 유형으로 time1 테이블을 생성하고, 데이터를 입력한다.

```
CREATE TABLE time1
(c1 NUMBER,
c2 INTERVAL YEAR(3) TO MONTH,
c3 INTERVAL DAY(3) TO SECOND);

INSERT INTO time1
VALUES(1, INTERVAL '15-7' YEAR TO MONTH, INTERVAL '180' DAY(3));

INSERT INTO time1
VALUES(2, INTERVAL '240' MONTH, INTERVAL '10:45:54.654321' HOUR
TO SECOND);

SELECT * FROM time1;

    C1  C2       C3
-------  --------  -----------------------
     1  +015-07  +180 00:00:00.000000
     2  +020-00  +000 10:45:54.654321
```

[예제] 데이터 유형 크기 지정 : 데이터 유형에 따라 크기를 지정하지 않으면 에러가 발생한다.

[1] default1 테이블의 c1 컬럼을 크기를 지정하지 않은 NUMBER 유형으로 생성하고, 테이블 구조를 표시한다.

[2] default2 테이블의 c1 컬럼을 크기를 지정하지 않은 CHAR 유형으로 생성하고, 테이블 구조를 표시한다.

[3] default3 테이블의 c1 컬럼을 크기를 지정하지 않은 VARCHAR2 유형으로 생성을 시도하면 에러가 발생한다. VARCHAR2 유형은 반드시 크기를 지정해야 한다.

[예제 1] NUMBER

```
CREATE TABLE default1
(c1 NUMBER);

DESC default1

Name                     Null?    Type
----------------------   -------  -----------------
C1                                NUMBER
```

[예제 2] CHAR

```
CREATE TABLE default2
(c1 CHAR);

DESC default2

Name                     Null?    Type
----------------------   -------  -----------------
C1                                CHAR(1)
```

[예제 3] VARCHAR2

```
CREATE TABLE default3
(c1 VARCHAR2);

ERROR at line 2:
ORA-00906: missing left parenthesis
```

10.5 CTAS(서브쿼리로 테이블 생성)

> **구문**
> CREATE TABLE table_name
> [(column, column...)]
> AS
> subquery

- 서브쿼리에서 조회된 테이블의 컬럼과 데이터를 사용하여 새로운 테이블을 생성한다.
- 새 테이블은 기존 컬럼과 다른 새로운 이름의 컬럼을 지정할 수 있고, DEFAULT 값도 설정할 수 있다. 새로운 컬럼 이름을 지정할 경우, 서브쿼리의 컬럼과 개수가 일치해야 한다. 새로운 컬럼 이름을 지정하지 않으면 서브쿼리의 컬럼 이름이 새 테이블의 컬럼 이름이 된다.
- NOT NULL을 제외한 제약조건은 새 테이블로 상속되지 않는다.

[예제] CTAS : employees 테이블을 이용하여 emp_ctas1 테이블을 생성한다. employees 테이블의 employee_id 컬럼에 정의된 PRIMARY KEY 제약조건은 새 테이블의 id 컬럼으로 상속되지 않는다. last_name과 hire_date 컬럼의 NOT NULL 제약조건은 새 테이블 name과 sdate에 각각 상속된다. sdate 컬럼에는 디폴트 값 SYSDATE를 지정한다.

```
CREATE TABLE emp_ctas1
(id, name, sdate DEFAULT SYSDATE)
AS
SELECT employee_id, last_name, hire_date
FROM employees;

DESC emp_ctas1

Name                          Null?         Type
----------------------------- ------------- -------------
ID                                          NUMBER(6)
NAME                          NOT NULL      VARCHAR2(25)
SDATE                         NOT NULL      DATE
```

[예제] CTAS : employees 테이블을 이용하여 emp_ctas2 테이블을 생성한다. employees 테이블의 employee_id 컬럼에 정의된 PRIMARY KEY와 email

컬럼에 정의된 UNIQUE 제약조건은 새로운 테이블로 상속되지 않는다. last_name과 email 컬럼의 NOT NULL 제약조건은 새 테이블의 emp_name과 email에 각각 상속된다. WHERE 절에 부정 조건(1=2)을 사용하면 검색된 행이 없기 때문에, emp_ctas2 테이블은 구조만 복사되고 데이터는 복사되지 않아 데이터가 없다.

```
CREATE TABLE emp_ctas2
(emp_id, emp_name, email, salary)
AS
SELECT employee_id, last_name, email, salary
FROM employees
WHERE 1=2;

DESC emp_ctas2

Name                     Null?         Type
------------------------ ------------- ----------------
EMP_ID                                 NUMBER(6)
EMP_NAME                 NOT NULL      VARCHAR2(25)
EMAIL                    NOT NULL      VARCHAR2(25)
SALARY                                 NUMBER(8,2)

SELECT * FROM emp_ctas2;

no rows selected
```

10.6 제약조건

- 제약조건은 테이블 생성 시 또는 생성 후에 설정할 수 있다.
- 제약조건 이름을 생략하면 오라클 서버가 SYS_Cnnn과 같은 형식의 이름을 붙인다.
- 제약조건 정보는 USER|ALL|DBA_CONSTRAINTS 딕셔너리 뷰로 조회할 수 있다.
- PRIMARY KEY는 테이블 당 하나만 설정할 수 있지만, 다른 제약조건은 개수에 제한이 없다.

> **Note**
> 여러 컬럼을 결합하여 하나가 되는 복합 PRIMARY KEY와는 구별해야 한다.

10.7 NOT NULL

> ▶ **구문:** 컬럼 레벨만 설정 가능하다.
>
> - 컬럼 레벨
> CREATE TABLE table_name
> (column datatype [DEFAULT expr] CONSTRAINT constraint_name NOT NULL, ...)

- 널 값으로 INSERT와 UPDATE를 허용하지 않는다.

10.8 UNIQUE

> ▶ **구문:** 컬럼 레벨과 테이블 레벨 모두 설정 가능하다.
>
> - 컬럼 레벨
> CREATE TABLE table_name
> (column datatype [DEFAULT expr] CONSTRAINT constraint_name UNIQUE, ...)
>
> - 테이블 레벨
> CREATE TABLE table_name
> (column datatype [DEFAULT expr],
> ... ,
> CONSTRAINT constraint_name UNIQUE(column), ...)

- 중복 값으로 INSERT와 UPDATE를 허용하지 않는다.
- 널 값은 무제한 허용한다.
- UNIQUE 인덱스가 자동 생성된다.

10.9 PRIMARY KEY

> **구문**: 컬럼 레벨과 테이블 레벨 모두 설정 가능하다.

- 컬럼 레벨
CREATE TABLE table_name
(column datatype [DEFAULT expr] CONSTRAINT constraint_name PRIMARY KEY, ...)

- 테이블 레벨
CREATE TABLE table_name
(column datatype [DEFAULT expr],
... ,
CONSTRAINT constraint_name PRIMARY KEY(column), ...)

- 널 값과 중복 값으로 INSERT와 UPDATE를 허용하지 않는다.
- FOREIGN KEY 설정에 따라 참조된 값의 UPDATE와 DELETE를 허용하지 않을 수 있다.
- UNIQUE 인덱스가 자동 생성된다.

10.10 FOREIGN KEY

> **구문**: 컬럼 레벨과 테이블 레벨 모두 설정 가능하다.

- 컬럼 레벨
CREATE TABLE table_name
(column datatype [DEFAULT expr]
CONSTRAINT constraint_name REFERENCES reference_table(reference_column)
[ON DELETE CASCADE|ON DELETE SET NULL], ...)

- 테이블 레벨
CREATE TABLE table_name
(column datatype [DEFAULT expr],
... ,
FOREIGN KEY(foreign_column) REFERENCES reference_table(reference_column)
[ON DELETE CASCADE|ON DELETE SET NULL], ...)

- PRIMARY KEY나 UNIQUE 제약조건이 설정된 참조 컬럼 이외의 값으로 INSERT와 UPDATE를 허용하지 않는다.
- 널 값은 무제한 허용한다.
- FOREIGN KEY 컬럼 이름과 참조 컬럼 이름은 서로 다를 수 있다.

- FOREIGN KEY 옵션
  - 디폴트(Restrict) : 참조되고 있는 부모 테이블의 행을 수정 및 삭제할 수 없다.
  - ON DELETE CASCADE : 참조되고 있는 부모 테이블의 행이 삭제될 때, 참조하는 자식 테이블의 관련된 행들도 삭제된다.
  - ON DELETE SET NULL : 참조되고 있는 부모 테이블의 행이 삭제될 때, 참조하는 자식 테이블의 관련된 FOREIGN KEY 컬럼 값이 널로 수정된다.

10.11 CHECK

> **구문:** 컬럼 레벨과 테이블 레벨 모두 설정 가능하다.
> – 컬럼 레벨
> CREATE TABLE table_name
> (column datatype [DEFAULT expr]
> CONSTRAINT constraint_name CHECK(column check_rule), ...)
>
> – 테이블 레벨
> CREATE TABLE table_name
> (column datatype [DEFAULT expr],
> ... ,
> CONSTRAINT constraint_name CHECK(column check_rule), ...)

- 지정된 조건에 만족하지 않는 INSERT와 UPDATE를 허용하지 않는다.
- 다음의 표현식을 CHECK 제약조건에 사용할 수 없다.
  - 의사열 : CURRVAL, NEXTVAL, LEVEL, ROWNUM
  - 함수 : SYSDATE, UID, USER, USERENV
  - 서브쿼리

[예제] NOT NULL : NOT NULL 제약조건을 설정하여 테이블을 생성한다.

[1] cannull 테이블 c1 컬럼에 컬럼 레벨로 NOT NULL 제약조건을 설정하여 테이블을 생성한다.

[2] cantnull 테이블 c1 컬럼에 테이블 레벨로 NOT NULL 제약조건을 설정하면 에러가 발생한다.

[예제 1] 컬럼 레벨

```
CREATE TABLE cannull
(c1 NUMBER CONSTRAINT cannull_c1_nn NOT NULL,
c2 NUMBER);
```

[예제 2] 테이블 레벨

```
CREATE TABLE cantnull
(c1 NUMBER,
c2 NUMBER,
CONSTRAINT cantnull_c1_nn NOT NULL(c1));

ERROR at line 4:
ORA-00904: : invalid identifier
```

[예제] 제약조건 설정 : 다음과 같은 조건으로 parent1 테이블과 child1 테이블에 여러 제약조건을 설정하여 테이블을 생성한다.

[1] parent1 테이블 c1 컬럼에 PRIMARY KEY를 설정하여 테이블을 생성한다.

[2] child1 테이블의 c1, c2 컬럼은 결합하여 복합 PRIMARY KEY를 설정하고, c2 컬럼은 parent1 테이블의 c1 컬럼을 참조하는 FOREIGN KEY를 설정하고, c3 컬럼은 1~100 사이의 값만 허용하는 CHECK를 설정하고, c4 컬럼은 SYSDATE 보다 큰 값만 허용하는 CHECK를 설정한다. 그러나 CHECK 조건의 표현식에는 SYSDATE와 같은 함수를 사용할 수 없으므로 에러가 발생한다.

[예제 1] parent1 테이블의 제약조건

- c1 컬럼에 PRIMARY KEY를 설정한다.

```
CREATE TABLE parent1
(c1 NUMBER, c2 VARCHAR2(20),
CONSTRAINT parent1_c1_pk PRIMARY KEY(c1));
```

[예제 2] child2 테이블의 제약조건

- c1 컬럼과 c2 컬럼을 결합하여 하나의 PRIMARY KEY를 설정한다.
- c2 컬럼은 parent2 테이블의 c1 컬럼을 참조하는 FOREIGN KEY를 설정한다.
- c3 컬럼은 BETWEEN을 사용하여 1 ~ 100 사이의 값만 허용되도록 CHECK 조건을 설정한다.
- c4 컬럼은 SYSDATE 보다 큰 값만 허용되도록 CHECK 조건을 설정한다.

```
CREATE TABLE child1
(c1 NUMBER, c2 NUMBER, c3 NUMBER CHECK(c3 BETWEEN 1 AND 100),
c4 DATE CHECK(c4 > SYSDATE),
CONSTRAINT child1_c1_c2_pk PRIMARY KEY(c1, c2),
CONSTRAINT child1_c2_fk FOREIGN KEY(c2) REFERENCES parent1(c1));

ERROR at line 3:
ORA-02436: date or system variable wrongly specified in CHECK
constraint
```

[예제] 제약조건 설정 : 다음 조건에 맞는 ord 테이블을 생성한다. c1 컬럼은 PRIMARY KEY를 설정하고, c2 컬럼은 NOT NULL을 설정하고, c3 컬럼은 30 이상의 값만 허용하는 CHECK를 설정하고, c4 컬럼은 1, 2, 3, 4만 허용하는 CHECK를 설정하고, c5 컬럼은 A, B, C 값만 허용하는 CHECK를 설정하여 테이블을 생성한다.

- c1 : 고유하고 널 값을 허용하지 않는다.
- c2 : 널 값을 허용하지 않고, 기본값으로 현재 날짜를 사용한다.
- c3 : 30 이상의 값이어야 하다.
- c4 : 1, 2, 3, 4 값만 가질 수 있다.
- c5 : 'A', 'B', 'C' 값만 가능하다.

```
CREATE TABLE ord
(c1 NUMBER CONSTRAINT ord_c1_pk PRIMARY KEY,
c2 DATE DEFAULT SYSDATE CONSTRAINT ord_c2_nn NOT NULL,
c3 NUMBER CONSTRAINT ord_c3_ck CHECK(c3 >= 30),
c4 VARCHAR2(10) CONSTRAINT ord_c4_ck CHECK(c4 IN (1, 2, 3, 4)),
c5 VARCHAR2(15) CONSTRAINT ord_c5_ck CHECK(c5 IN ('A', 'B', 'C')));
```

[예제] 복합 PRIMARY KEY : p1 테이블의 c1과 c2 컬럼에 PRIMARY KEY를 설정하여 테이블을 생성한다. 여러 컬럼의 복합 PRIMARY KEY는 컬럼 레벨로 설정할 수 없으므로 테이블 레벨로 설정해야 한다.

[틀린 예제]

```
CREATE TABLE p1
(c1 NUMBER PRIMARY KEY,
c2 NUMBER PRIMARY KEY,
c3 DATE);

ERROR at line 3:
ORA-02260: table can have only one primary key
```

[맞는 예제]

```
CREATE TABLE p1
(c1 NUMBER,
c2 NUMBER,
c3 DATE,
PRIMARY KEY(c1, c2));
```

[예제] UNIQUE와 NOT NULL : p2 테이블의 c1 컬럼에 UNIQUE와 NOT NULL을 설정하여 테이블을 생성한다. 한 컬럼에 여러 제약조건을 설정할 때 콤마(,) 없이 사용한다.

[틀린 예제]

```
CREATE TABLE p2
(c1 NUMBER UNIQUE, NOT NULL,
c2 NUMBER);

ERROR at line 2:
ORA-00904: : invalid identifier
```

[맞는 예제]

```
CREATE TABLE p2
(c1 NUMBER UNIQUE NOT NULL,
c2 NUMBER);
```

[예제] DEFAULT와 NOT NULL : p3 테이블의 c3 컬럼에 DEFAULT와 NOT NULL을 설정하여 테이블을 생성한다. DEFAULT를 NOT NULL로 설정할 수 없기 때문에, DEFAULT로 SYSDATE와 같은 함수를 사용하고 NOT NULL은 별도로 설정한다.

[틀린 예제]

```
CREATE TABLE p3
(c1 NUMBER,
c2 NUMBER,
c3 DATE DEFAULT NOT NULL);

ERROR at line 4:
ORA-00936: missing expression
```

[맞는 예제]

```
CREATE TABLE p3
(c1 NUMBER,
c2 NUMBER,
c3 DATE DEFAULT SYSDATE NOT NULL);
```

[예제] 제약조건과 INSERT : PRIMARY KEY가 있는 int 테이블에 데이터를 입력한다.

[1] c1 컬럼에 1, c2 컬럼에 A, c3 컬럼에 NULL을 입력한다.

[2] c1 컬럼에만 2를 입력한다. 나머지 컬럼은 암시적으로 널이 입력된다.

[3] c1 컬럼에 3, c2 컬럼에 B, c3 컬럼에 공백(' ')을 입력한다.

[4] c1 컬럼은 PRIMARY KEY 컬럼이므로 NULL 값을 입력할 수 없어 에러가 발생한다.

[5] c1 컬럼을 생략하면 암시적으로 NULL 값이 입력되지만 c1 컬럼은 PRIMARY KEY 컬럼이므로 NULL 값을 입력할 수 없어 에러가 발생한다.

[6] c1 컬럼은 T, c2 컬럼은 4, c3 컬럼은 E를 입력한다. 하지만 c1 컬럼은 숫자 데이터 유형이므로 문자 T는 입력할 수 없어 에러가 발생한다.

```
CREATE TABLE int
(c1 NUMBER CONSTRAINT int_c1_pk PRIMARY KEY,
c2 VARCHAR2(10),
c3 VARCHAR2(10));
```

[예제 1] 1, A, NULL 입력

```
INSERT INTO int VALUES (1, 'A', NULL);
```

[예제 2] 2, NULL, NULL 입력

```
INSERT INTO int(c1) VALUES (2);
```

[예제 3] 3, B, 공백 입력

```
INSERT INTO int(c1, c2, c3) VALUES (3, 'B', ' ');
```

[예제 4] NULL, C, K 입력

```
INSERT INTO int VALUES (NULL, 'C', 'K');

ERROR at line 1:
ORA-01400: cannot insert NULL into ("HR"."INT"."C1")
```

[예제 5] NULL, D, P 입력

```
INSERT INTO int(c2, c3) VALUES('D', 'P');

ERROR at line 1:
ORA-01400: cannot insert NULL into ("HR"."INT"."C1")
```

[예제 6] T, 4, E 입력

```
INSERT INTO int(c2, c3, c1) VALUES ( 4, 'E', 'T');

ERROR at line 1:
ORA-01722: invalid number
```

[예제] 제약조건과 DELETE : employees 테이블의 department_id 컬럼에서 Foreign Key로 참조하고 있는 departments 테이블의 Primary Key인 department_id 컬럼의 데이터를 삭제하면 ORA-02292 에러가 발생한다. 데이터를 삭제할 수 있는 방법은 다음과 같다.

- departments 테이블의 Primary Key를 비활성화한다.
- employees 테이블의 department_id = 10 데이터를 먼저 삭제한다.
- employees 테이블의 department_id 컬럼의 Foreign Key를 비활성화한다.

```
DELETE FROM departments
WHERE department_id = 10;

ERROR at line 1:
ORA-02292: integrity constraint (HR.EMP_DEPT_FK) violated - child record found
```

10.12 제약조건 추가

> **구문**

- PRIMARY KEY
ALTER TABLE table_name
(ADD CONSTRAINT constraint_name PRIMARY KEY(column))

- UNIQUE
ALTER TABLE table_name
(ADD CONSTRAINT constraint_name UNIQUE(column))

- CHECK
ALTER TABLE table_name
(ADD CONSTRAINT constraint_name CHECK(column check_rule))

- FOREIGN KEY
ALTER TABLE table_name
(ADD CONSTRAINT constraint_name
FOREIGN KEY(foreign_column) REFERENCES reference_table(reference_column)
[ON DELETE CASCADE|ON DELETE SET NULL])

- NOT NULL
ALTER TABLE table_name MODIFY(column CONSTRAINT constraint_name NOT NULL)

- 제약조건에 위반하는 데이터가 없으면 기존 테이블에 제약조건을 추가할 수 있다.

[예제] 제약조건 추가 : m1 테이블에 제약조건을 추가한다.

[1] m1 테이블 id 컬럼에 PRIMARY KEY 제약조건을 추가한다.

[2] m1 테이블 name 컬럼에 반드시 값이 포함될 수 있도록 NOT NULL 제약조건을 추가한다.

```
CREATE TABLE m1
(id number,
name VARCHAR2(20));
```

[예제 1] PRIMARY KEY 추가

```
ALTER TABLE m1
ADD CONSTRAINT m1_id_pk PRIMARY KEY(id);
```

[예제 2] NOT NULL 추가

```
ALTER TABLE m1
MODIFY name CONSTRAINT m1_name_nn NOT NULL;
```

10.13 제약조건 삭제

> **구문**
>
> ALTER TABLE table_name DROP CONSTRAINT constraint_name [CASCADE]
>
> ALTER TABLE table_name DROP PRIMARY KEY [CASCADE]

- 설정된 제약조건은 언제든지 삭제할 수 있다.
- 참조되고 있는 제약조건을 함께 삭제할 때는 CASCADE를 사용해야 한다.

10.14 제약조건 활성화(ENABLE), 비활성화(DISABLE)

> **구문**
>
> ALTER TABLE table_name ENABLE|DISABLE CONSTRAINT constraint_name

- ENABLE : 제약조건에 위배되는 데이터가 없으면, 비활성화된 제약조건을 활성화할 수 있다.
- DISABLE : 데이터 포함 여부에 관계없이, 제약조건을 비활성화할 수 있다.

10.15 테이블 변경: 컬럼 추가

> **구문**
> ALTER TABLE table_name
> ADD(column datatype [DEFAULT expr], ...)

- 테이블의 마지막 컬럼 다음에 새 컬럼을 추가한다.

10.16 테이블 변경: 컬럼 변경

> **구문**
> ALTER TABLE table_name
> MODIFY(column datatype [DEFAULT expr], ...)

- 컬럼의 데이터 유형, 크기 및 DEFAULT를 변경할 수 있다.
- 변경 후 테이블에 입력되는 데이터에만 영향을 준다.

10.17 테이블 변경: 컬럼 삭제

> **구문**
> ALTER TABLE table_name
> DROP(column[, column, ...]);

- 한 개 이상의 컬럼을 삭제한다. 테이블에 적어도 한 개의 컬럼은 존재해야 한다.

[예제] 테이블 변경 : mod1 테이블에 컬럼을 추가, 변경, 삭제한다.

[1] mod1 테이블에 c3 컬럼을 추가한다.

[2] mod1 테이블 c2 컬럼에 DEFAULT 9999를 설정한다.

[3] mod1 테이블의 c3 컬럼을 삭제한다.

```
CREATE TABLE mod1
(c1 NUMBER,
c2 NUMBER);
```

[예제 1] c3 컬럼 추가

```
ALTER TABLE mod1
ADD(c3 NUMBER);
```

[예제 2] DEFAULT 설정

```
ALTER TABLE mod1
MODIFY(c2 DEFAULT 9999);
```

[예제 3] c3 컬럼 삭제

```
ALTER TABLE mod1
DROP(c3);
```

[예제] NOT NULL 컬럼 추가 : 데이터를 포함하고 있는 test2 테이블에 NOT NULL 조건의 컬럼을 추가한다. NOT NULL 제약조건이 있는 새 컬럼을 추가하려면 반드시 DEFAUT를 설정해야 한다.

[1] test2 테이블에 NOT NULL의 bonus1 컬럼을 추가하기 위해 DEFAULT 값을 0으로 설정한다.

[2] test2 테이블에 NOT NULL의 bonus2 컬럼을 추가하는데 DEFAULT 값을 지정하지 않아 에러가 발생한다.

[3] test2 테이블에 NOT NULL의 bonus3 컬럼을 추가하는데 DEFAULT 값을 지정하지 않아 에러가 발생한다.

[4] test2 테이블에 NOT NULL의 bonus4 컬럼을 추가하는데 DEFAULT를 설정하지 않아 에러가 발생한다.

```
CREATE TABLE test2
AS
SELECT * FROM employees;
```

[예제 1] DEFAULT 값 0으로 설정

```
ALTER TABLE test2
ADD bonus1 NUMBER DEFAULT 0 NOT NULL;
```

[예제 2] DEFAULT 값 미지정

```
ALTER TABLE test2
ADD bonus2 NUMBER DEFAULT CONSTRAINT test2_bouns2_nn NOT NULL;

ERROR at line 2:
ORA-00984: column not allowed here
```

[예제 3] DEFAULT 값 미지정

```
ALTER TABLE test2
ADD bonus3 NUMBER DEFAULT  NOT NULL;

ERROR at line 2:
ORA-00936: missing expression
```

[예제 4] DEFAULT 미설정

```
ALTER TABLE test2
ADD bonus4 NUMBER NOT NULL;

ERROR at line 1:
ORA-01758: table must be empty to add mandatory (NOT NULL) column
```

[예제] 컬럼 변경 효력 : test3 테이블에 DEFAULT 값 'SEOUL'을 설정하면, 기존의 널 값은 그대로 있고, 이후 새롭게 입력된 행부터 DEFAULT 값이 적용된다.

```
CREATE TABLE test3
(id NUMBER,
name VARCHAR2(10),
salary number,
loc VARCHAR2(10));

INSERT INTO test3(id, name, salary) VALUES(1, 'Abel', 5000);
INSERT INTO test3(id, name, salary) VALUES(2, 'Bell', 7000);

SELECT * FROM test3;

      ID NAME   SALARY LOC
-------- ------ ------ ------
       1 Abel     5000
       2 Bell     7000
```

```
ALTER TABLE test3
MODIFY(loc DEFAULT 'SEOUL');

SELECT * FROM test3;

        ID  NAME    SALARY  LOC
  --------  ------  ------  ------
         1  Abel      5000
         2  Bell      7000

INSERT INTO test3(id, name, salary) VALUES(3, 'Cindy', 9000);

SELECT * FROM test3;

        ID  NAME    SALARY  LOC
  --------  ------  ------  -----
         1  Abel      5000
         2  Bell      7000
         3  Cindy     9000  SEOUL
```

10.18 테이블 삭제

> **구문**
>
> DROP TABLE table_name [PURGE]

- 테이블의 구조와 모든 데이터가 삭제된다.
- 테이블의 모든 인덱스와 제약조건도 삭제된다.
- 뷰와 동의어는 남아 있지만 무효화된다.
- 롤백할 수 없다.
- 모든 보류 중인(커밋되지 않은) 트랜잭션이 커밋된다.
- 테이블 소유자이거나 DROP ANY TABLE 권한이 있어야 한다.
- PURGE 옵션을 사용하면 휴지통(Recycle Bin)으로 이동하지 않고 즉시 공간이 회수된다.

[예제] DROP TABLE : test1 테이블을 삭제한다. 커밋되지 않은 모든 트랜잭션이 커밋된다. 인덱스와 제약조건도 함께 삭제된다. 이 테이블에서 사용했던

시퀀스는 아무 관련없이 정상적으로 사용 가능하다. 테이블은 이름만 변경된 채 그 자리에 있지만, 휴지통(Recycle Bin)으로 이동된 것으로 처리된다. 휴지통이 비워지기 전까지 저장 공간은 회수되지 않는다.

```
DROP TABLE test1;

SHOW RECYCLEBIN

ORIGINAL NAME   RECYCLEBIN NAME
-------------   -----------------------------
TEST1           BIN$/QZ5NK7G7SjgQKjAyAAovw==$0

OBJECT TYPE   DROP TIME
-----------   -------------------
TABLE         2014-07-29:12:44:18
```

【 학습 내용 및 출제 범위 】

- 뷰
- 시퀀스
- 인덱스
- 동의어

11

스키마 객체

11.1 뷰

- 서브쿼리로 만든 논리적 객체로, 뷰가 참조하는 테이블(Base Table)을 SELECT, DML할 수 있다.
- 뷰는 테이블 뿐만 아니라 다른 뷰도 참조하여 생성할 수 있다.

11.2 뷰 생성

> **구문**
>
> CREATE [OR REPLACE] [FORCE|NOFORCE] VIEW view_name
> [(alias[, alias]...)]
> AS subquery
> [WITH CHECK OPTION [CONSTRAINT constraint_name]]
> [WITH READ ONLY [CONSTRAINT constraint_name]]

- 뷰를 생성하려면 CREATE VIEW 시스템 권한이 필요하다.
- 일반적으로 뷰가 생성되면 소유자만 사용할 수 있다. 다른 사용자의 뷰를 사용(SELECT, DML)하려면 권한이 필요하다.
- 뷰가 참조하는 테이블은 뷰의 소유자와 관계없지만, 다른 소유자의 테이블을 참조하려면 사용(SELECT, DML) 권한이 필요하다.
- OR REPLACE : 뷰 정의를 수정할 때, 이 옵션은 기존 뷰를 삭제하고 다시 생성한다. 다른 사용자에게 수여했던 사용 권한이 그대로 유지되므로, 명시적으로

뷰를 삭제하고 다시 생성하는 것보다 유리하다.
- FORCE : 참조 테이블이 없어도 뷰 생성이 가능하나, 참조 테이블 생성 전까지 뷰 사용이 불가능하다.
- NOFORCE : 참조 테이블이 있어야 뷰가 생성된다(디폴트).
- WITH CHECK OPTION : 뷰가 SELECT할 수 있는 범위의 데이터만, 뷰를 통해 입력 및 수정이 가능한 뷰를 생성한다. 그러나 삭제는 이 옵션과 관계없이 가능하며, 뷰를 통한 SELECT에는 아무런 제한이 없다.
- WITH READ ONLY : 뷰를 통한 DML이 불가능하도록 읽기 전용 뷰를 생성한다.
- 뷰 생성 서브쿼리 및 생성된 뷰를 쿼리할 때 GROUP BY 절, HAVING 절, ORDER BY 절 등을 포함할 수 있다.

11.3 뷰 SELECT

- 뷰는 테이블과 같이 다양하게 쿼리할 수 있다.

[예제] 뷰 SELECT : joins 뷰를 다양하게 쿼리한다.

[1] joins 뷰의 모든 컬럼을 조건없이 쿼리한다.

[2] joins 뷰에서 department_id가 50보다 작은 employee_id, last_name, department_name을 쿼리한다.

[3] joins 뷰에서 department_id 별로 그룹화한 다음, department_id, SUM(salary) 에서 SUM(salary)가 15000 보다 큰 것을 SUM(salary)로 정렬하도록 쿼리한다.

```
CREATE VIEW joins
AS
SELECT e.employee_id, e.last_name, e.salary, d.department_id,
       d.department_name
FROM employees e, departments d
WHERE e.department_id = d.department_id;
```

[예제 1] 모든 컬럼

```
SELECT * FROM joins;
```

```
EMPLOYEE_ID  LAST_NAME   SALARY  DEPARTMENT_ID  DEPARTMENT_NAME
-----------  ----------  ------  -------------  ---------------
        200  Whalen       24000             10  Administration
        201  Hartstein    13000             20  Marketing
...
106 rows selected.
```

[예제 2] 특정 컬럼 및 조건

```
SELECT employee_id, last_name, department_name
FROM joins
WHERE department_id < 50;
```

```
EMPLOYEE_ID  LAST_NAME        DEPARTMENT_NAME
-----------  ---------------  ----------------------
        200  Whalen           Administration
        201  Hartstein        Marketing
...
10 rows selected.
```

[예제 3] GROUP BY, HAVING 절

```
SELECT department_id, SUM(salary)
FROM joins
GROUP BY department_id
HAVING SUM(salary) > 15000
ORDER BY 2;
```

```
DEPARTMENT_ID  SUM(SALARY)
-------------  -----------
           20        19000
          110        20308
...
9 rows selected.
```

11.4 뷰를 통한 DML

- 일반적으로 뷰를 통한 DML이 가능하다.
- DML 제한 여부에 따라 단순 뷰(Simple view)와 복합 뷰(Complex view)로 분류된다.
  - 단순 뷰 : 뷰를 통한 DML이 비교적 가능. 단일 테이블 참조, 함수 불포함, 데이터 그룹 불포함인 경우이다.
  - 복합 뷰 : 뷰를 통한 DML이 비교적 불가능. 여러 테이블 참조, 함수 포함, 데

이터 그룹 포함인 경우이다.
- 단순 뷰 생성시 컬럼의 별칭을 사용해도 DML에 제한을 받지 않는다.
- 뷰를 통한 DML 결과는 참조 테이블에 반영되므로, 뷰가 삭제되어도 그 결과는 영향을 받지 않는다.
- 단순 뷰나 복합 뷰 사용시 참조 테이블의 인덱스가 사용될 수 있다.
- 복합 뷰는 동일 사용자 또는 다른 사용자의 여러 테이블을 참조하여 생성할 수 있다.

[예제] 뷰를 통한 DML : v1 뷰를 통하여 t1 테이블에 DML한다.

[1] v1 뷰를 통해 t1 테이블에 INSERT한다.

[2] v1 뷰를 통해 t1 테이블을 UPDATE한다.

[3] v1 뷰를 통해 t1 테이블을 DELETE한다.

```
CREATE TABLE t1
(c1 NUMBER NOT NULL,
c2 VARCHAR2(10),
c3 DATE);

CREATE VIEW v1
AS
SELECT * FROM t1;
```

[예제 1] INSERT

```
INSERT INTO v1
VALUES(1, 'A', SYSDATE);
```

[예제 2] UPDATE

```
UPDATE v1
SET c2 = 'B'
WHERE c1 = 1;
```

[예제 3] DELETE

```
DELETE FROM v1
WHERE c1 = 1;
```

11.5 뷰를 통한 DML 제한

- INSERT 제한 : 뷰 생성 서브쿼리에 다음의 내용이 포함되면 뷰를 통한 INSERT가 제한된다.
  - 그룹 함수
  - GROUP BY 절
  - DISTINCT 키워드
  - ROWNUM 키워드
  - 표현식으로 정의된 컬럼(예: salary*12)
  - 뷰 생성 시 제외된 NOT NULL 컬럼

- UPDATE 제한 : 뷰 생성 서브쿼리에 다음의 내용이 포함되면 뷰를 통한 UPDATE가 제한된다.
  - 그룹 함수
  - GROUP BY 절
  - DISTINCT 키워드
  - ROWNUM 키워드
  - 표현식으로 정의된 컬럼

- DELETE 제한 : 뷰 생성 서브쿼리에 다음의 내용이 포함되면 뷰를 통한 DELETE가 제한된다.
  - 그룹 함수
  - GROUP BY 절
  - DISTINCT 키워드
  - ROWNUM 키워드

[예제] 뷰를 통한 DML 제한 : 부서 이름과 급여 합계를 표시하는 dept_sum 뷰를 생성한다. 이 뷰를 통한 DML은 제한된다.

[1] dept_sum 뷰 생성시 그룹 함수, GROUP BY 절 등이 포함되어 INSERT가 되지 않는다.

[2] dept_sum 뷰 생성시 그룹 함수, GROUP BY 절 등이 포함되어 UPDATE가 되

지 않는다.

[3] dept_sum 뷰 생성시 그룹 함수, GROUP BY 절 등이 포함되어 DELETE가 되지 않는다.

```
CREATE VIEW dept_sum
AS
SELECT d.department_name dname, SUM(e.salary) sumsal
FROM departments d, employees e
WHERE d.department_id = e.department_id
GROUP BY d.department_name;

DESC dept_sum

Name                        Null?     Type
-----------------------     --------  -----------------
DNAME                       NOT NULL  VARCHAR2(30)
SUMSAL                                NUMBER

SELECT * FROM dept_sum;

DNAME                      SUMSAL
---------------------      ------
Administration             24000
Accounting                 20308
...
11 rows selected.
```

[예제 1] INSERT 제한

```
INSERT INTO dept_sum(dname, sumsal)
VALUES('HR', 50000);

ERROR at line 1:
ORA-01779: cannot modify a column which maps to a non key-preserved table
```

[예제 2] UPDATE 제한

```
UPDATE dept_sum
SET sumsal = 500000;

ERROR at line 1:
ORA-01732: data manipulation operation not legal on this view
```

[예제 3] DELETE 제한

```
DELETE FROM dept_sum;

ERROR at line 1:
ORA-01732: data manipulation operation not legal on this view
```

[예제] WITH CHECK OPTION과 뷰를 통한 DML 제한 : WITH CHECK OPTION으로 생성된 emp7_vu 뷰는 다음과 같이 DML에 제한을 받는다.

- NOT NULL인 dept_id 컬럼이 뷰에 포함되지 않아 뷰를 통한 INSERT가 되지 않는다.
- job_id가 S로 시작하지 않는 값은 뷰를 통한 UPDATE가 되지 않는다.
- job_id가 S로 시작하는 값도 뷰를 통한 DELETE가 가능하다.

```
CREATE TABLE emp7
(emp_id NUMBER PRIMARY KEY,
emp_name VARCHAR2(20) NOT NULL,
job_id VARCHAR2(10),
salary NUMBER,
dept_id NUMBER NOT NULL);

CREATE OR REPLACE VIEW emp7_vu
AS
SELECT emp_id, emp_name, job_id
FROM emp7
WHERE job_id LIKE 'S%' WITH CHECK OPTION;
```

[예제] WITH CHECK OPTION이 있는 서브쿼리 INSERT 제한 : 서브쿼리 INSERT에서 WITH CHECK OPTION으로 10번, 20번 부서로 입력이 제한되는 스크립트를 작성한다. eid는 employees_seq를 사용하고 나머지는 치환변수를 통하여 입력한다.

[1] name은 King, sal은 1000, did는 10을 사용하여 입력한다.

[2] name은 Smith, sal은 2000, did는 50을 사용한다. WITH CHECK OPTION에 위반하여 입력되지 않는다.

```
CREATE TABLE sub_check
AS
SELECT employee_Id eid, last_name name, salary sal, department_id did
FROM employees
WHERE 1=2;
```

[예제 1] did 10 사용

```
INSERT INTO (SELECT eid, name, sal, did
             FROM sub_check
             WHERE did in (10, 20)
             WITH CHECK OPTION)
VALUES(employees_seq.NEXTVAL, '&name', &sal, &did);

Enter value for name: King
Enter value for sal: 1000
Enter value for did: 10
old   5: VALUES(employees_seq.NEXTVAL, '&name', &sal, &did)
new   5: VALUES(employees_seq.NEXTVAL, 'King', 1000, 10)

1 row created.
```

[예제 2] did 50 사용

```
INSERT INTO (SELECT eid, name, sal, did
             FROM sub_check
             WHERE did in (10, 20)
             WITH CHECK OPTION )
VALUES(employees_seq.NEXTVAL, '&name', &sal, &did);

Enter value for name: Smith
Enter value for sal: 2000
Enter value for did: 50
old   5: VALUES(employees_seq.NEXTVAL, '&name', &sal, &did)
new   5: VALUES(employees_seq.NEXTVAL, 'Smith', 2000, 50)

ERROR at line 5:
ORA-01402: view WITH CHECK OPTION where-clause violation
```

11.6 뷰 삭제

▶ 구문

DROP VIEW view_name

[예제] 뷰 삭제 : e_vu 뷰를 삭제한다.

```
CREATE VIEW e_vu
AS
SELECT *
FROM employees;

DROP VIEW e_vu;
```

11.7 시퀀스

- 시퀀스는 정수 값을 생성하는 데이터베이스 스키마 객체이다.
- 시퀀스 소유자는 시퀀스의 모든 권한(사용, 변경, 삭제)을 갖는다.

11.8 시퀀스 생성

▶ 구문
```
CREATE SEQUENCE sequence_name
[START WITH n]
[INCREMENT BY n]
[MAXVALUE n | NOMAXVALUE]
[MINVALUE n | NOMINVALUE]
[CYCLE | NOCYCLE]
[CACHE n | NOCACHE]
```

- START WITH n : 시작 값. 기본값 1
- INCREMENT BY n : 증분 값. 기본값 1
- MAXVALUE n : 지정 최댓값
- NOMAXVALUE : 최댓값. 기본값 오름차순 10^{27}, 내림차순 -1
- MINVALUE n : 지정 최솟값
- NOMINVALUE : 최솟값. 기본값 오름차순 1, 내림차순 $-(10^{26})$
- CYCLE : 최댓값이나 최솟값 이후 다시 순환 사용
- NOCYCLE : 최댓값이나 최솟값 이후 사용 불가. 기본값
- CACHE n : 메모리에 캐시할 시퀀스 값의 개수. 기본값 20
- NOCACHE : 메모리에 시퀀스 값 캐시하지 않음

11.9 시퀀스 사용

- 시퀀스는 의사열 CURRVAL, NEXTVAL의 명시적인 호출에 의해 사용된다.
- sequence_name.NEXTVAL : 다음 시퀀스 값을 반환한다.
- sequence_name.CURRVAL : 마지막에 사용된 시퀀스 값을 반환한다. 적어도 한 번 NEXTVAL 실행 후 사용 가능하다.
- 시퀀스는 특정 테이블, 특정 컬럼에 종속되지 않고, 자유롭게 사용할 수 있다.
- 시퀀스를 참조한 테이블의 변경 및 삭제는 시퀀스에 영향을 미치지 않는다.
- 메모리에 캐시된 시퀀스는 데이터베이스가 정상 종료되면 중간에 공백(Gap) 없이 다음 값부터 연속적으로 사용되지만, 데이터베이스가 비정상 종료되면 이미 캐시된 값은 폐기되고, 다음 캐시된 값부터 사용되어 공백이 발생한다.
- 다른 사용자의 시퀀스를 사용하려면 SELECT 권한이 필요하다.

[예제] CURRVAL, NEXTVAL : s1 시퀀스를 생성하여 ora 테이블에 사용한다.

[1] s1 시퀀스를 생성한다. 모두 기본값으로 생성되어 1부터 시작해서 1씩 증가한다.

[2] s1.NEXTVAL을 사용한다. 시작 값인 1을 반환한다.

[3] ora 테이블 ora_id에 s1.CURRVAL을 사용하여, 시퀀스의 현재 값 1을 입력한다.

[4] ora 테이블에서 salary가 100인 ora_id를 s1.NEXTVAL의 다음 시퀀스 값인 2로 수정한다.

```
CREATE TABLE ora
(ora_id NUMBER,
sdate DATE,
salary NUMBER);
```

[예제 1] 시퀀스 생성

```
CREATE SEQUENCE s1;
```

[예제 2] NEXTVAL 사용

```
SELECT s1.NEXTVAL FROM DUAL;

NEXTVAL
-------
      1
```

[예제 3] CURRVAL 사용

```
INSERT INTO ora
VALUES(s1.CURRVAL, SYSDATE, 100);

SELECT * FROM ora;

ORA_ID  SDATE      SALARY
------  ---------  ------
     1  29-JUL-14     100
```

[예제 4] NEXTVAL 사용

```
UPDATE ora
SET ora_id = s1.NEXTVAL
WHERE salary = 100;

SELECT * FROM ora;

ORA_ID  SDATE      SALARY
------  ---------  ------
     2  29-JUL-14     100
```

[예제] START WITH : 500부터 시작하는 s2 시퀀스를 생성한다.

```
CREATE SEQUENCE s2
START WITH 500;

SELECT s2.nextval FROM dual;

NEXTVAL
-------
    500
```

[예제] 시퀀스 캐시 : s3, s4 시퀀스는 50개 값을 캐시한다.

[1] s3 시퀀스를 한번 사용하고 데이터베이스를 정상 종료한 후 재 시작한 경우, 다음 값은 연속되어 2를 반환한다.

[2] s4 시퀀스를 한번 사용하고 데이터베이스를 비정상 종료한 후 재 시작한 경우, 다음 값은 연속되지 않고 51을 반환한다. s4 시퀀스는 사용되지 않는 캐시 값 만큼 공백이 발생한다.

[예제 1-1] 연속적 시퀀스 값

```
CREATE SEQUENCE s3
START WITH 1
INCREMENT BY 1
CACHE 50;

SELECT s3.NEXTVAL FROM DUAL;

NEXTVAL
-------
      1
```

[예제 1-2] 데이터베이스 정상 종료 후 재 시작

```
SELECT s3.NEXTVAL FROM DUAL;

NEXTVAL
-------
      2
```

[예제 2-1] 비연속적 시퀀스 값

```
CREATE SEQUENCE s4
START WITH 1
INCREMENT BY 1
CACHE 50;

SELECT s4.NEXTVAL FROM DUAL;

NEXTVAL
-------
      1
```

[예제 2-2] 데이터베이스 비 정상 종료 후 재 시작

```
SELECT s4.NEXTVAL FROM DUAL;

NEXTVAL
-------
     51
```

11.10 시퀀스 변경

> **구문**

ALTER SEQUENCE sequence_name
[INCREMENT BY n]
[MAXVALUE n | NOMAXVALUE]
[MINVALUE n | NOMINVALUE]
[CYCLE | NOCYCLE]
[CACHE n | NOCACHE]

- 시작 값(START WITH)을 제외하고 시퀀스를 변경할 수 있다.
- 시작 값을 변경하려면 시퀀스를 다시 생성해야 한다.
- MAXVALUE나 MINVALUE는 현재 사용하고 있는 값보다 작거나 크게 변경할 수 없다.

[예제] 시퀀스 변경 : s5 시퀀스의 MAXVALUE를 변경한다. 최댓값보다 작을 경우 에러가 발생한다.

[1] 1부터 시작하고 1씩 증가하며 최댓값이 2인 s5 시퀀스를 생성한다.

[2] s5 시퀀스를 세 번 사용한다. 최댓값이 2이므로 두 번까지는 가능하지만, 세 번째는 최댓값을 초과하여 에러가 발생한다. 현재 값은 2이다.

[3] s5 시퀀스의 최댓값을 1로 변경하려면, 최댓값이 현재 값보다 작을 수 없으므로 에러가 발생한다. 최댓값을 10000으로 변경할 수는 있다.

[예제 1] 시퀀스 생성

```
CREATE SEQUENCE s5
START WITH 1
INCREMENT BY 1
MAXVALUE 2;
```

[예제 2] 시퀀스 사용

```
SELECT s5.NEXTVAL FROM DUAL;

NEXTVAL
-------
      1
```

```
SELECT s5.NEXTVAL FROM DUAL;

NEXTVAL
-------
      2

SELECT s5.NEXTVAL FROM DUAL;

ERROR at line 1:
ORA-08004: sequence S5.NEXTVAL exceeds MAXVALUE and cannot be
instantiated
```

[예제 3] 시퀀스 변경

```
ALTER SEQUENCE s5
MAXVALUE 1;

ERROR at line 1:
ORA-04004: MINVALUE must be less than MAXVALUEALTER SEQUENCE s5M
AXVALUE 10000;

Sequence altered.
```

11.11 시퀀스 삭제

▶ 구문

DROP SEQUENCE sequence_name

11.12 인덱스

- 테이블의 ROWID를 사용하여 원하는 행을 빠르게 찾을 수 있는 객체이다.

11.13 인덱스 생성

▶ 구문

CREATE [UNIQUE][BITMAP]INDEX index_name
ON table (column[, column, ...])

- UNIQUE : 고유 인덱스를 생성한다. UNIQUE 제약조건을 설정하는 것과 같다.
- BITMAP : 비트 맵 인덱스를 생성한다. 값이 고유하지 않고 읽기 전용인 시스템에서 주로 사용한다.
- PRIMARY KEY와 UNIQUE KEY 컬럼에는 UNIQUE 인덱스가 자동으로 생성된다.
- FOREIGN KEY 컬럼에는 인덱스가 자동으로 생성되지 않는다.
- 기본적으로 인덱스는 오라클 서버에 의해 유지되고 사용된다.
- 테이블에 DML이 수행되면, 관련 인덱스도 자동으로 갱신된다.
- 테이블을 삭제하면 인덱스도 삭제된다.
- PRIMARY KEY 인덱스, UNIQUE KEY 인덱스, 기존 인덱스와 동일 컬럼의 인덱스는 생성할 수 없다.
- 인덱스는 테이블 뿐만 아니라 클러스터에도 생성할 수 있지만, 뷰에는 생성되지 않는다.
- 단일 컬럼 인덱스 : 단일 컬럼별로 인덱스를 생성한다.
- 조합 컬럼 인덱스 : 여러 컬럼을 결합하여 하나의 인덱스를 생성한다. 한 컬럼은 정확히 중복되지 않으면 여러 인덱스의 컬럼이 될 수 있다.

[예제] PRIMARY KEY와 인덱스 : in1, in2 테이블에 인덱스를 생성한다.

[1] in1 테이블의 PRIMARY KEY 컬럼 c1에 인덱스를 생성하면 에러가 발생한다. PRIMARY KEY에는 고유 인덱스가 자동 생성되므로 동일 컬럼에 인덱스를 생성할 수 없다.

[2] in1 테이블의 PRIMARY KEY 컬럼 c1과 인덱스가 없는 c2 컬럼에 조합 컬럼 인덱스를 생성한다. 인덱스가 중복되지 않으므로 생성할 수 있다.

[3] in2 테이블의 복합 PRIMARY KEY(c1, c2)에 c1 단일 컬럼 인덱스를 생성한다. 정확히 중복되지 않으면 조합 컬럼 인덱스의 여러 컬럼 중에서 단일 컬럼에 인덱스를 생성할 수 있다.

[4] in2 테이블의 복합 PRIMARY KEY(c1, c2)에 c2 단일 컬럼 인덱스를 생성한다. 복합 PRIMARY KEY의 개별 컬럼별 인덱스는 생성할 수 있다.

```
CREATE TABLE in1
(c1 NUMBER PRIMARY KEY,
c2 NUMBER,
c3 NUMBER);

CREATE TABLE in2
(c1 NUMBER,
c2 NUMBER,
c3 NUMBER,
PRIMARY KEY(c1, c2));
```

[예제 1] PRIMARY KEY 컬럼에 인덱스 생성

```
CREATE INDEX in1_c1_ix ON in1(c1);

ERROR at line 1:
ORA-01408: such column list already indexed
```

[예제 2] PRIMARY KEY 컬럼과 다른 컬럼에 조합 컬럼 인덱스 생성

```
CREATE INDEX in1_c1_c2_ix ON in1(c1, c2);
```

[예제 3] 복합 PRIMARY KEY의 단일 컬럼에 인덱스 생성

```
CREATE INDEX in2_c1_ix ON in2(c1);
```

[예제 4] 복합 PRIMARY KEY의 단일 컬럼에 인덱스 생성

```
CREATE INDEX in2_c2_ix ON in2(c2);
```

11.14 인덱스 삭제

> 구문

DROP INDEX index_name

11.15 동의어

- 동의어는 테이블, 뷰, 시퀀스, 프로시저, 함수, 패키지, 동의어의 다른 이름이다.

- 일반적으로 긴 객체의 이름을 짧게 쓰거나 복잡한 객체의 이름을 단순하게 참조하기 위해 사용한다.
- 자기 소유 및 다른 사용자의 객체에 모두 사용할 수 있다.
- 객체의 이름을 변경하는 RENAME과 구별된다.

11.16 동의어 생성

> **구문**
> CREATE [PUBLIC] SYNONYM synonym_name
> FOR object

- PUBLIC : 누구나 사용할 수 있는 동의어, 즉 공용 동의어를 생성한다. DBA만 생성하고 삭제할 수 있다.
- 전용(private) 동의어와 공용 동의어는 같은 이름으로 동일 객체를 참조할 수 있다.

[예제] 동의어 생성 : hr.departments 테이블의 동의어 dep를 생성하고 사용한다.

```
CREATE SYNONYM dep for hr.departments;

SELECT * FROM dep;
```

[예제] 공용 동의어 : DBA 권한이 있는 SYSTEM 계정으로 접속하여 HR의 employees 테이블을 누구나 사용 가능하도록 SELECT 권한을 수여하고, 공용 동의어 emp를 생성한다.

```
CONN system/*****

GRANT SELECT ON hr.employees TO PUBLIC;

CREATE PUBLIC SYNONYM emp
FOR hr.employees;

SELECT * FROM emp;
```

[예제] 전용 및 공용 동의어 : hr.locations 테이블에 전용 및 공용 동의어를 동일한 이름으로 생성한다.

[1] 누구나 사용할 수 있는 공용 동의어 loc를 생성한다.

[2] 원칙적으로 소유자(system)만 사용할 수 있는 전용 동의어 loc를 생성한다. 같은 이름의 공용 동의어가 있어도 생성할 수 있다.

```
CONN system/*****
```
[예제 1] 공용 동의어
```
CREATE PUBLIC SYNONYM loc
FOR hr.locations;
```
[예제 2] 전용 동의어
```
CREATE SYNONYM loc
FOR hr.locations;
```

11.17 Database Link와 PUBLIC SYNONYM

- 데이터베이스 링크를 이용하여 로컬 DB에서 원격 DB를 사용할 수 있다.
- 일반적으로 DB 링크를 사용하는 객체 이름에 공용 동의어를 생성하여 사용한다.

[예제] DB Link와 공용 동의어 : 서울 DB에서 런던의 DB에 연결할 수 있는 DB 링크를 생성하고 사용한다. 조회 결과에는 런던 DB의 시간과 데이터가 표시된다.

[1] 서울의 로컬 DB에서 런던의 원격 DB로 연결할 수 있는 공용 DB 링크 seoul_to_london을 생성한다.

[2] DB 링크를 사용하여 런던 DB의 hr.employees 테이블을 조회한다. SYSDATE는 런던 DB의 현재 시간을 사용한다.

[3] hr.employees@seoul_to_london의 공용 동의어 london_emp를 생성한다.

[4] 공용 동의어를 사용하여 런던 DB의 hr.employees 테이블을 조회한다. SYSDATE

는 런던 DB의 현재 시간을 사용한다.

```
CONN system/*****
```

[예제 1] PUBLIC DATABASE LINK 생성

```
CREATE PUBLIC DATABASE LINK seoul_to_london
USING 'london_orcl';
```

[예제 2] DB 링크 사용

```
SELECT employee_Id, hire_date, SYSDATE - hire_date
FROM hr.employees@seoul_to_london
WHERE employee_id = 100;
```

[예제 3] 공용 동의어 생성

```
CREATE PUBLIC SYNONYM london_emp
FOR hr.employees@seoul_to_london;
```

[예제 4] 공용 동의어 사용

```
SELECT employee_Id, hire_date, SYSDATE - hire_date
FROM london_emp
WHERE employee_id = 100;
```

11.18 동의어 삭제

> **구문**
> DROP [PUBLIC] SYNONYM synonym_name

- 동의어 삭제는 참조 객체의 상태에 영향을 미치지 않는다.
- 동의어 삭제는 참조 객체까지 삭제하지 않는다.
- 전용 동의어 삭제는 공용 동의어에 영향을 미치지 않는다.

11.19 테이블, 뷰, 동의어 이름

- 동일 사용자의 테이블과 뷰의 이름은 같을 수 없다.

- 동일 사용자의 테이블과 전용 동의어의 이름은 같을 수 없다. 그러나 공용 동의어의 이름은 같을 수 있다.

[예제] 테이블, 뷰, 동의어 이름 : 테이블, 뷰, 동의어 이름은 같을 수 없지만, 공용 동의어의 이름은 같을 수 있다.

[1] same 테이블을 생성한다.

[2] same 테이블과 같은 이름의 same 뷰를 생성하면 에러가 발생한다.

[3] same 테이블과 같은 이름의 same 전용 동의어를 생성하면 에러가 발생한다.

[4] same 테이블과 같은 이름의 same 공용 동의어는 생성할 수 있다.

```
CONN system/*****
```

[예제 1] same 테이블 생성

```
CREATE TABLE same
(id number);
```

[예제 2] same 뷰 생성

```
CREATE VIEW same
AS
SELECT * FROM same;

ERROR at line 1:
ORA-00955: name is already used by an existing object
```

[예제 3] same 전용 동의어 생성

```
CREATE SYNONYM same
FOR hr.employees;

ERROR at line 1:
ORA-00955: name is already used by an existing object
```

[예제 4] same 공용 동의서 생성

```
CREATE PUBLIC SYNONYM same
FOR hr.employees;
```

【 학습 내용 및 출제 범위 】

- 사용자 생성
- 시스템 권한과 객체 권한
- 권한 수여 및 철회
- 롤 관리
- 데이터 딕셔너리 뷰
- LISTAGG 함수
- REGEXP_COUNT 함수
- 관계
- 정규화
- 행 제한 절 – 12c 새로운 기능

12

기타

12.1 사용자 생성

> **구문**
> CREATE USER user_name IDENTIFIED BY password

- DBA 계정(SYS, SYSTEM)으로 새 사용자를 생성한다.
- 새 사용자에게는 명시적으로 수여된 아무런 권한(Privilege)이 없다.

12.2 시스템 권한(System Privilege)

- 데이터베이스 접속, 객체 생성 등 시스템을 사용할 수 있는 권한이다.
- CREATE SESSION(데이터베이스 접속), CREATE TABLE, CREATE VIEW 등이 있다.

12.3 객체 권한(Object Privilege)

- 객체를 사용할 수 있는 권한이며, 객체마다 다르다.
- 주요 객체별 권한은 다음과 같다.
    - 테이블 : SELECT, INSERT, UPDATE, DELETE, REFERENCES, ALTER, INDEX
    - 뷰 : SELECT, INSERT, UPDATE, DELETE
    - 시퀀스 : SELECT

12.4 권한 수여(GRANT) 및 철회(REVOKE)

> **구문: 시스템 권한 수여**
> GRANT system_priv[, ...]
> TO {user[, ...]|role[, ...]|PUBLIC}

> **구문: 시스템 권한 철회**
> REVOKE system_priv[, ...]
> FROM {user[, ...]|role[, ...]|PUBLIC}

- 사용자(user), 롤 및 모든 사용자(PUBLIC)에게 시스템 권한을 수여한다.
- 시스템 권한 수여 및 철회는 일반적으로 SYS, SYSTEM과 같은 DBA 권한을 가진 사용자가 한다.

> **구문: 객체 권한 수여**
> GRANT object_priv[(columns)][, ...]
> ON object
> TO {user[, ...]|role[, ...]|PUBLIC}
> [WITH GRANT OPTION]

> **구문: 객체 권한 철회**
> REVOKE {object_priv[, ...]|ALL}
> ON object
> FROM {user[, ...]|role[, ...]|PUBLIC}

- 사용자(user), 롤 및 모든 사용자(PUBLIC)에게 객체 권한을 수여한다.
- 객체 권한 수여 및 철회는 객체 소유자나 DBA 권한을 가진 사용자가 한다.
- WITH GRANT OPTION : 객체 권한을 받은 사용자가, 다른 사용자나 롤에 권한을 재 수여할 수 있다.

[예제] PUBLIC : 모든 사용자가 employees 테이블을 SELECT할 수 있도록 권한을 수여하고 철회한다.

```
GRANT SELECT ON employees TO PUBLIC;

REVOKE SELECT ON employees FROM PUBLIC;
```

[예제] WITH GRANT OPTION : user1, user2에게 권한을 수여하고, 철회한다.

[1] user1에게 hr.employees 테이블의 SELECT 권한을 수여한다.

[2] user1은 수여받은 hr.employees 테이블의 SELECT는 가능하지만, user2에게 hr.employees 테이블의 SELECT 권한을 재 수여하면 에러가 발생한다.

[3] user1에게 WITH GRANT OPTION으로 SELECT 권한을 수여한다.

[4] user1이 user2에게 hr.employees 테이블의 SELECT 권한을 재 수여한다.

[5] user1에게 재 수여받은 hr.employees 테이블의 SELECT 권한을 사용한다.

[6] user1에게 수여한 SELECT 권한을 철회한다.

[7] user1의 SELECT 권한이 철회되어 더 이상 hr.employees 테이블을 SELECT 할 수 없다.

[8] user2의 SELECT 권한도 연쇄적으로 철회되어 더 이상 hr.employees 테이블을 SELECT할 수 없다.

```
CONN system/*****

CREATE USER user1 identified by user1;
CREATE USER user2 identified by user2;
GRANT CREATE SESSION TO user1, user2;
```

[예제 1] user1에게 SELECT 권한 수여

```
CONN hr/hr

GRANT SELECT ON hr.employees TO user1;
```

[예제 2] 수여 권한 사용 및 재 수여

```
CONN user1/user1

SELECT * FROM hr.employees;

GRANT SELECT ON hr.employees TO user2;

ERROR at line 1:
ORA-01031: insufficient privileges
```

[예제 3] WITH GRANT OPTION으로 권한 수여

```
CONN hr/hr

GRANT SELECT ON hr.employees TO user1
WITH GRANT OPTION;
```

[예제 4] 권한 재 수여

```
CONN user1/user1

GRANT SELECT ON hr.employees TO user2;
```

[예제 5] 재 수여 권한 사용

```
CONN user2/user2

SELECT * FROM hr.employees;
```

[예제 6] user1의 권한 철회

```
CONN hr/hr

REVOKE SELECT ON hr.employees FROM user1;
```

[예제 7] user1의 권한 철회됨

```
CONN user1/user1

SELECT * FROM hr.employees;

ERROR at line 1:
ORA-00942: table or view does not exist
```

[예제 8] user2의 권한도 철회됨

```
CONN user2/user2

SELECT * FROM hr.employees;
```

```
ERROR at line 1:
ORA-00942: table or view does not exist
```

12.5 롤(ROLE) 관리

- 시스템 권한이나 객체 권한을 롤을 통하여 수여 및 철회할 수 있다.

> **구문: 롤 생성**
> CREATE ROLE role_name

> **구문: 롤 삭제**
> DROP ROLE role_name

[예제] 롤 관리 : 롤 role1을 생성, 관리 및 삭제한다.

[1] role1 롤을 생성한다

[2] role1 롤에 CREATE TABLE, CREATE VIEW 시스템 권한을 수여한다.

[3] role1 롤에 hr.employees 테이블의 INSERT 객체 권한을 수여한다.

[4] role1 롤을 sh와 oe 사용자에게 수여한다. sh와 oe 사용자는 롤을 통해 수여받은 권한을 사용할 수 있다.

[5] sh 사용자에게 수여한 role1을 철회한다. sh 사용자는 더 이상 롤을 통해 수여받은 권한을 사용할 수 없다.

[6] role1에 수여된 CREATE TABLE 시스템 권한을 철회한다. role1 롤을 수여받은 oe 사용자는 더 이상 CREATE TABLE 시스템 권한을 사용할 수 없다.

[7] role1에 수여된 hr.employees 테이블의 INSERT 객체 권한을 철회한다. role1 롤을 수여받은 oe 사용자는 더 이상 hr.employees 테이블의 INSERT 객체 권한을

사용할 수 없다.

[8] role1 롤을 삭제한다.

```
CONN system/*****
```

[예제 1] 롤 생성

```
CREATE ROLE role1;
```

[예제 2] 롤에 시스템 권한 수여

```
GRANT CREATE TABLE, CREATE VIEW TO role1;
```

[예제 3] 롤에 객체 권한 수여

```
GRANT INSERT ON hr.employees TO role1;
```

[예제 4] 사용자에게 롤 수여

```
GRANT role1 to sh, oe;
```

[예제 5] 사용자로부터 롤 철회

```
REVOKE role1 FROM sh;
```

[예제 6] 롤로부터 시스템 권한 철회

```
REVOKE CREATE TABLE FROM role1;
```

[예제 7] 롤로부터 객체 권한 철회

```
REVOKE INSERT ON hr.employees FROM role1;
```

[예제 8] 롤 삭제

```
DROP ROLE role1;
```

12.6 데이터 딕셔너리 뷰(Data Dictionary View)

- 데이터 딕셔너리 뷰를 사용하여 데이터베이스의 정보를 조회할 수 있다.
- 다음과 같이 USER, ALL, DBA 접두어에 따라 조회 범위가 다르다.
  - USER_XXX : 접속한 사용자 소유의 데이터베이스 정보를 조회할 수 있다.
  - ALL_XXX : 접속한 사용자가 접근 가능한 데이터베이스 정보를 조회할 수 있다.

- DBA_XXX : 전체 데이터베이스 정보를 조회할 수 있다. DBA와 같이 권한이 있어야 사용할 수 있다.
● 일반적으로 많이 사용하는 데이터 딕셔너리 뷰는 다음과 같다.
  - USER_OBJECTS : 객체 이름, 종류, 상태, 생성 일자 등의 정보
  - USER_TABLES : 테이블 이름, 테이블스페이스, 행 개수, 평균 행 길이 등의 정보
  - USER_TAB_COLUMNS : 테이블 이름, 컬럼 이름, 컬럼 데이터 유형 등의 정보
  - USER_INDEXES : 인덱스 이름, 종류, 레벨 등의 정보
  - USER_IND_COLUMNS : 인덱스 이름, 컬럼 이름 등의 정보
  - USER_CONSTRAINTS : 제약조건 이름, 종류, 상태 등의 정보
  - USER_CONS_COLUMNS : 제약조건 이름, 테이블 이름, 컬럼 이름 등의 정보
  - USER_VIEWS : 뷰 이름, 뷰 정의 등의 정보
  - USER_SEQUENCES : 시퀀스 이름, 시작 값, 증분 값, 최고 값 등의 정보
  - USER_SYNONYMS : 동의어 이름, 참조 객체 이름 등의 정보

[예제] 데이터 딕셔너리 뷰 : 여러가지 데이터 딕셔너리 뷰를 이용하여 데이터베이스 정보를 조회한다.

[1] user_tables를 조회하여 테이블의 종합 정보를 표시한다.

[2] user_tab_columns를 조회하여 테이블의 컬럼별 정보를 표시한다.

[3] user_constraints를 조회하여 제약조건의 종합 정보를 표시한다.

[4] user_cons_columns를 조회하여 테이블의 컬럼별 제약조건 이름을 표시한다.

[예제 1] USER_TABLES

```
SELECT table_name, tablespace_name, num_rows, avg_row_len
FROM user_tables;

TABLE_NAME      TABLESPACE_NAME       NUM_ROWS    AVG_ROW_LEN
--------------  --------------------  ----------  -----------
EMPLOYEES       EXAMPLE                      107           70
DEPARTMENTS     EXAMPLE                       27           21
```

[예제 2] USER_TAB_COLUMNS

```
SELECT table_name, column_name, data_type, data_length
FROM user_tab_columns;

TABLE_NAME      COLUMN_NAME        DATA_TYPE    DATA_LENGTH
-------------   ----------------   ---------    -----------
DEPARTMENTS     DEPARTMENT_ID      NUMBER                22
DEPARTMENTS     DEPARTMENT_NAME    VARCHAR2              30
```

[예제 3] USER_CONSTRAINTS

```
SELECT table_name, constraint_name, constraint_type
FROM user_constraints;

TABLE_NAME      CONSTRAINT_NAME         C
-------------   --------------------    --
EMPLOYEES       EMP_EMAIL_UK            U
EMPLOYEES       EMP_EMP_ID_PK           P
```

[예제 4] USER_CONS_COLUMNS

```
SELECT table_name, column_name, constraint_name
FROM user_cons_columns;

TABLE_NAME      COLUMN_NAME        CONSTRAINT_NAME
-------------   ---------------    ----------------
EMPLOYEES       EMPLOYEE_ID        EMP_EMP_ID_PK
EMPLOYEES       DEPARTMENT_ID      EMP_DEPT_FK
```

12.7 LISTAGG 함수

▶ 구문

LISTAGG(컬럼[, '구분자']) WITHIN GROUP (ORDER BY 컬럼[, 컬럼, ...])

- 여러 행의 결과를 한 행으로 출력한다.

[예제] LISTAGG : employees 테이블에서 60번 부서의 사원 이름을 급여가 높은 순으로 정렬한 후, 구분자('; ')를 사용하여 이름을 나열하고, 최고 급여자를 표시한다.

```
SELECT LISTAGG(last_name, '; ')
       WITHIN GROUP (ORDER BY salary DESC) "Dept20",
       MAX(salary) maxsal
FROM employees
WHERE department_id = 60;

Dept20                                             MAXSAL
-------------------------------------------------- ------
Hunold; Ernst; Austin; Pataballa; Lorentz            9000
```

[예제] LISTAGG, GROUP BY 절 : employees 테이블에서 부서 번호 별로 그룹화한 후, 입사일 순서로 정렬하여 구분자('; ')를 사용하여 이름을 나열하고, 전체 결과는 부서 번호 순서로 표시한다.

```
SELECT department_id "Department",
       LISTAGG(last_name, '; ')
       WITHIN GROUP (ORDER BY hire_date) "Employee"
FROM employees
GROUP BY department_id
ORDER BY department_id;

Department Employee
---------- --------------------------------------------------
        10 Whalen
        20 Hartstein; Fay
        30 Raphaely; Khoo; Tobias; Baida; Himuro; Colmenares
...
12 rows selected.
```

12.8 REGEXP_COUNT 함수

- REGEXP_COUNT 함수는 문자열을 검색하여 패턴의 발생 횟수를 나타낸다.

[예제] REGEXP_COUNT : 문자열 ABCDABEFAB에서 패턴 AB 횟수를 검색하여 표시한다.

```
SELECT REGEXP_COUNT('ABCDABEFAB','AB')
FROM dual;

REGEXP_COUNT('ABCDABEFAB','AB')
-------------------------------
                              3
```

12.9 관계(Relationship)

- 관계란 데이터 모델링 과정에서 업무 분석시 식별한 엔티티(테이블) 사이의 연관 관계이다.
  예) 각 부서는 하나 이상의 사원을 배치받을 수 있다.

- 다음과 같은 관계 유형(Relationship type)이 있다.
  - 일대일(One-to-one) : 엔티티 양방향으로 단 하나의 값을 가진다. 동일한 엔티티인 경우가 많다.
    예) 각 국민은 단 하나의 주민등록번호를 가진다.
  - 일대다(One-to-many) 또는 다대일(Many-to-one) : 엔티티 한 방향으로는 하나 이상의 값을 갖고, 다른 방향으로는 단 하나의 값을 갖는다. 가장 일반적으로 발생하는 관계이다.
    예) 일대다(One-to-many) : 하나의 부서는 하나 이상의 사원을 갖는다.
       다대일(Many-to-one) : 여러 사원은 하나의 부서에 속한다.
  - 다대다(Many-to-many) : 엔티티 양방향 모두 다수의 값을 갖는다. 분석 초기에 많이 발견되나, 추후 일대다 관계로 해결한다.
    예) 여러 고객은 하나 이상의 상품을 주문할 수 있다.

12.10 정규화(Normalization)

- 관계형 테이블을 적합하게 생성하기 위해 일정한 규칙을 검증하여 정규형(Normal Form)으로 만드는 과정이다. 많은 정규형이 있지만, 보통 3정규형까지만 정규화한다.

- 1정규형(First normal form) : 반복 그룹을 제거한다.
- 2정규형(Second normal form) : 부분 키 종속성을 제거한다.
- 3정규형(Third normal form) : 데이터 사이의 종속성을 제거한다.

12.11 행 제한 절 - 12c 새로운 기능

▶ 구문

[OFFSET offset {ROW|ROWS}]
[FETCH {FIRST|NEXT} [rowcount|percent PERCENT] {ROW|ROWS} {ONLY|WITH TIES}]

- 쿼리에 의해 반환되는 행을 제한할 수 있다.
- OFFSET : 출력 전 건너 뛸 행을 지정한다. 생략하면 0이고 첫 행부터 시작한다. ROW와 ROWS 키워드는 같다.
- FETCH : 반환될 행의 수 또는 비율을 지정한다. FIRST와 NEXT 키워드는 같다. ONLY 키워드는 정확한 행 또는 행의 비율 만큼 반환하지만, WITH TIES 키워드를 지정하면 동일 순위의 값이 추가적으로 반환된다.

[예제] OFFSET ROWS : employees 테이블에서 employee_id로 정렬한 다음, 처음 5개 행을 제외하고 employee_id, last_name을 표시한다.

[예제 1-1] OFFSET 5 ROW

```
SELECT employee_id, last_name
FROM employees
ORDER BY employee_id
OFFSET 5 ROW;

EMPLOYEE_ID  LAST_NAME
-----------  ---------------
        105  Austin
        106  Pataballa
...
102 rows selected.
```

[예제 1-2] OFFSET 5 ROWS

```
SELECT employee_id, last_name
FROM employees
ORDER BY employee_id
OFFSET 5 ROWS;

EMPLOYEE_ID  LAST_NAME
-----------  --------------
        105  Austin
        106  Pataballa
...
102 rows selected.
```

[예제] FETCH {FIRST|NEXT} ROWS ONLY : employees 테이블에서 employee_id 로 정렬한 다음, 처음 5개 행의 employee_id, last_name을 표시한다.

[예제 1-1] FETCH FIRST 5 ROWS ONLY

```
SELECT employee_id, last_name
FROM employees
ORDER BY employee_id
FETCH FIRST 5 ROWS ONLY;

EMPLOYEE_ID  LAST_NAME
-----------  --------------
        100  King
        101  Kochhar
        102  De Haan
        103  Hunold
        104  Ernst
```

[예제 1-2] FETCH NEXT 5 ROWS ONLY

```
SELECT employee_id, last_name
FROM employees
ORDER BY employee_id
FETCH NEXT 5 ROWS ONLY;

EMPLOYEE_ID  LAST_NAME
-----------  --------------
        100  King
        101  Kochhar
        102  De Haan
        103  Hunold
        104  Ernst
```

[예제] FETCH {FIRST|NEXT} PERCENT ROWS ONLY : employees 테이블에서 employee_id로 정렬한 다음, 처음 10% 행의 employee_id, last_name을 표시한다.

[예제 1-1] FETCH FIRST 10 PERCENT ROWS ONLY

```
SELECT employee_id, last_name
FROM employees
ORDER BY employee_id
FETCH FIRST 10 PERCENT ROWS ONLY;

EMPLOYEE_ID LAST_NAME
----------- --------------
        100 King
        101 Kochhar
...
11 rows selected.
```

[예제 1-2] FETCH NEXT 10 PERCENT ROWS ONLY

```
SELECT employee_id, last_name
FROM employees
ORDER BY employee_id
FETCH NEXT 10 PERCENT ROWS ONLY;

EMPLOYEE_ID LAST_NAME
----------- --------------
        100 King
        101 Kochhar
...
11 rows selected.
```

[예제] FETCH {ONLY|WITH TIES} : employees 테이블에서 제한된 행을 출력한다.

[1] employees 테이블에서 salary 내림차순으로 정렬한 후, 처음 2개 행의 employee_id, last_name, salary를 표시한다.

[2] employees 테이블에서 salary 내림차순으로 정렬한 다음, 처음 2개 행을 출력하는데 WITH TIES를 사용하였기 때문에 salary가 같은 1행이 추가적으로 표시된다.

[예제 1] FETCH ... ONLY

```
SELECT employee_id, last_name, salary
FROM employees
ORDER BY salary DESC
FETCH FIRST 2 ROWS ONLY;

EMPLOYEE_ID  LAST_NAME     SALARY
-----------  ------------  ------
        100  King           24000
        101  Kochhar        17000
```

[예제 2] FETCH ... WITH TIES

```
SELECT employee_id, last_name, salary
FROM employees
ORDER BY salary DESC
FETCH FIRST 2 ROWS WITH TIES;

EMPLOYEE_ID  LAST_NAME     SALARY
-----------  ------------  ------
        100  King           24000
        101  Kochhar        17000
        102  De Haan        17000
```

[예제] OFFSET ROWS FETCH NEXT ROWS ONLY : employees 테이블에서 employee_id로 정렬한 다음, 처음 5개 행을 제외하고 다음 5행의 employee_id, last_name을 표시한다.

```
SELECT employee_id, last_name
FROM employees
ORDER BY employee_id
OFFSET 5 ROWS FETCH NEXT 5 ROWS ONLY;

EMPLOYEE_ID  LAST_NAME
-----------  ------------
        105  Austin
        106  Pataballa
        107  Lorentz
        108  Greenberg
        109  Faviet
```

찾아보기

한글

객체 권한 233
검색 CASE 표현식 88
공용 동의어 227, 228
관계 242
권한 수여 234
권한 철회 234
그룹 함수 97
날짜 연산 63
날짜 함수 65
날짜 형식 모델 71
논리 조건 40
다중 컬럼 서브쿼리 141
다중 행 서브쿼리 138
단순 CASE 표현식 88
단순 뷰 213
단일 앰퍼샌드 47
단일 행 서브쿼리 136
단일 행 함수 53
대체 인용 연산자 27
데이터 딕셔너리 뷰 238
데이터베이스 링크 228
데이터 유형 189

동의어 226
롤 237
리터럴 문자 26
명시적 데이터 유형 변환 71
문자 함수 54
변환 함수 69
복합 PRIMARY KEY 194, 198
뷰 211
뷰를 통한 DML 213
비등가조인 117
사용자 생성 233
산술 연산자 25
서브쿼리 131
숫자 함수 62
숫자 형식 모델 71
시스템 권한 233
시퀀스 219
암시적 데이터 유형 변환 69
연결 연산자 26
연산자 우선 순위 41
오라클 조인: OUTER 조인 128
오라클 조인: Self Join 126
오라클 조인: 등가 조인 126
오라클 조인: 비등가 조인 127

이중 앰퍼샌드 48
인덱스 224
인라인 뷰 146
일대다 242
일대일 242
정규화 242
정렬 42
제약조건 193
제약조건 삭제 203
제약조건 추가 202
조건부 표현식 69, 87
조인 23, 109
집합 연산자 155
치환 변수 47, 170
컬럼 변경 204
컬럼 별칭 25
컬럼 이름 187
트랜잭션 180
트랜잭션 종료 181
프로젝션 23
함수 중첩 57
행 제한 절 243

영어

ADD_MONTHS 65
alias 25
ALL 138
ANY 138
AVG 97
BETWEEN 연산자 34
BFILE 189
BLOB 189
CHAR 189
CHECK 196
CLOB 189
COALESCE 80
COMMIT 180
Complex view 213
CONCAT 54
COUNT 97
CREATE TABLE 187
CROSS Join 125
CTAS 191
CURRVAL 220
Database Link 228
Data Dictionary View 238
DATE 189
DECODE 함수 91
DEFINE 명령어 48
DELETE 문 175
DESCRIBE 명령어 29
DISTINCT 키워드 28
DML 169
ESCAPE 식별자 37
FETCH 243
First normal form 243
FOREIGN KEY 195
FULL OUTER JOIN 118
GRANT 234
GROUP BY 절 98
HAVING 절 100
IN 138
INITCAP 54
Inline view 146
INSERT 문 169
INSTR 54

INTERSECT 155
INTERVAL DAY[(d)] TO SECOND[(f)] 189
INTERVAL YEAR[(y)] TO MONTH 189
IN 연산자 35
JOIN 23
LAST_DAY 65
LEFT OUTER JOIN 118
LENGTH 54
LIKE 연산자 36
LISTAGG 함수 240
LONG 189
LONG RAW 189
LOWER 54
LPAD 54
Many-to-many 242
MAX 97
MERGE 문 178
MIN 97
MINUS 155
MOD 62
MONTHS_BETWEEN 65
Natural Join 109
NEXT_DAY 65
NEXTVAL 220
Non-equijoin 117
Normalization 242
NOT NULL 194
NULLIF 80
NULL 조건 38
NUMBER 189
NVL 80
NVL2 80, 82
Object Privilege 233

OFFSET 243
One-to-many 242
One-to-one 242
ON 절 114
Oracle 서버 예약어 188
Outer Join 118
POWER 62
PRIMARY KEY 194
PROJECTION 23
PUBLIC SYNONYM 228
RAW 189
REGEXP_COUNT 함수 241
Relationship 242
REPLACE 54
REVOKE 234
RIGHT OUTER JOIN 118
ROLE 237
ROLLBACK 180
ROLLBACK TO [SAVEPOINT] 180
ROUND 62, 65
ROWID 189
RPAD 54
SAVEPOINT 180
Scalar Subquery 150
Second normal form 243
SELECT FOR UPDATE 절 183
SELECTION 23
SELECT 문 23
Self Join 116
Simple view 213
SOME 139
Sort 42
SQL*Plus 명령어 29

SQL 문 29
SUBSTR 54
SUM 97
SYSDATE 63
System Privilege 233
Third normal form 243
TIMESTAMP 189
TO_CHAR 71
TO_DATE 71
TO_NUMBER 71
Top-N 분석 146
TRIM 54
TRUNC 62, 65
TRUNCATE 문 179
UNION 155
UNION ALL 155
UNIQUE 194
UPDATE 문 173
UPPER 54
USING 절 110
VARCHAR2 189
WHERE 절 33
WITH CHECK OPTION 212
WITH GRANT OPTION 234
WITH READ ONLY 212
WITH TIES 243

기호
& 47, 170
&& 48